好规矩胜过好爸爸

邢 东◎著

立规矩的目的是让孩子快乐健康地成长，而不是剪掉天使的翅膀

台海出版社

图书在版编目（CIP）数据

好规矩胜过好爸爸 / 邢东著. -- 北京 : 台海出版社, 2014.9

ISBN 978-7-5168-0450-6

Ⅰ.①好… Ⅱ.①邢… Ⅲ.①家庭教育 Ⅳ.①G78

中国版本图书馆CIP数据核字(2014)第210575号

好规矩胜过好爸爸

著　　者：邢　东

责任编辑：王　艳　　　装帧设计：尚世视觉

版式设计：刘丽娟　　　责任印制：蔡　旭

出版发行：台海出版社

地　　址：北京市朝阳区劲松南路1号，　邮政编码：100021

电　　话：010－64041652（发行，邮购）

传　　真：010－84045799（总编室）

网　　址：www.taimeng.org.cn/thcbs/default.htm

E － mail：thcbs@126.com

经　　销：全国各地新华书店

印　　刷：北京彩虹伟业印刷有限公司

本书如有破损、缺页、装订错误，请与本社联系调换

开　　本：170×230　1/16

字　　数：180千字　　　印　张：16.25

版　　次：2014年11月第1版　　　印　次：2014年11月第1次印刷

书　　号：ISBN 978-7-5168-0450-6

定　　价：32.00元

前　言

孩子是父母的天使，是上天送给父母最好的礼物。从孩子呱呱坠地的那一天开始，父母就希望孩子一生能快乐、幸福、平安。为了让孩子幸福，父母似乎可以牺牲一切，特别是爸爸，总是不惜加班加点地工作，只为能让孩子享受较好的物质生活，让孩子接受最好的教育。

可是这样做就能成为合格的爸爸，就是一个称职的爸爸吗？当然不。在生活中，很多爸爸忽略了非常重要的一点——就是陪孩子一起成长，给孩子更多的关注，好好教育、培养孩子。

德国哲学家埃里希·弗罗姆说："爸爸是孩子的导师之一，他指给孩子通向世界之路。爸爸虽不能代表自然界，却代表着人类存在的另一极，那就是思想的世界、科学技术的世界、法律和秩序的世界、风纪的世界、阅历和冒险的世界。"

对孩子来说，再好的妈妈也无法替代爸爸的角色，因为爸爸的教育方式与妈妈的教育方式是不同的。爸爸对孩子的教育，主要体现在两个方面，第一是规则教育，第二是性别意识。

与孩子相处时，妈妈多与孩子进行身体接触和语言交流，爸爸则多是通过运动和孩子进行游戏交流。与孩子做游戏时，妈妈倾向于迁就孩子，而爸爸则更注重“立规矩”。也就是说，孩子会从爸爸这里知道什么是规则，孩子会观察爸爸怎样面对出言不逊的人，怎样面对挫折、化解危机，然后进行模仿。

对爸爸们来说，再好的教育方式，也不如给孩子立规矩。孩子在社会上成长，迟早要步入社会，要能够明白别人对他们的期待，学会怎么跟别人相处，懂得理解周围世界的规则，并遵循社会的规矩，融入社会，而要做到这一点，我们就要从小给孩子立规矩。如果孩子在童年时期不能养成健全的人格，不学会遵守必要的规矩，将来，又怎么能够在社会上立足和生存呢?

对于父母，特别是对爸爸来说，给孩子立规矩，就是给孩子设定界限，让孩子遵循规则，从小就明了是非曲直。换言之，就是给孩子立规矩，既能让孩子明白哪些事能做，哪些事不能做，又能养成良好的行为以及行事习惯。否则，孩子就会变得任性，难以管教。

那么，爸爸们何时开始给孩子立规矩比较好呢？毋庸置疑，给孩子立规矩，越早越好，最好从孩子出生时就开始。这是由于孩子在小的时候，都缺乏判断能力，特别是在婴幼儿时期，更需要爸爸告诉他什么可以做，什么不能做，以此来确定行为界限。而通常情况下，守规矩和有规矩的孩子一般都能形成良好的习惯。

给孩子立规矩，并不难，但要想成功地给孩子立规矩，却并非一件容易的事。给孩子立规矩，是要讲究一些技巧与方法的。基于此，我们策划了这本《好规矩胜过好爸爸》。

本书共分六章，从不同角度、层面，分别阐述了给孩子立规矩的重要性与必要性，给孩子立规矩需要做的各种准备工作，以及孩子需要哪些规矩。同时，也向读者朋友提供了给孩子立规矩时可参考的技巧及注意事项等。

对任何爸爸来说，给孩子立规矩，都是一件必要的事情。在给孩子立规矩前，爸爸一定要树立正确的态度，认真地对待给孩子立规矩的事，不能随便给孩子立规矩，也不能在给孩子立规矩后，随随便便就放弃。相信父母只要坚持给孩子立规矩，再用一些小妙方、小技巧，一定能如愿以偿地给孩子立个好规矩。

目 录
CONTENTS

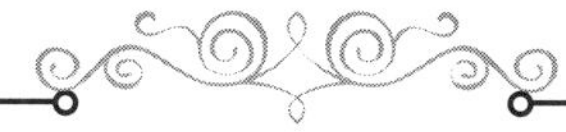

第一章　好规矩胜于好爸爸

规矩既包括做人的一些礼仪，也包括人们共同遵守的某些社会规范或纪律。为人处世要遵循一定的规矩。对孩子来说，规则就像是一栋房子的墙壁，它给生活一个界限及广度。只有当孩子知道什么是合理的需求时，他才会觉得平静而快乐。再好的教育方式，都没有给孩子从小立规矩更给力。

没有规矩的孩子，伤不起（1）

在我们身边，常有一些父母抱怨孩子不听话，不服从管教，站无站相，坐无坐相，一点规矩也没有。也有一些当妈妈的，抱怨孩子的爸爸不好好管教孩子。但孩子的父母却从没有想过：孩子为什么会如此呢？

事实上，很多孩子之所以有不良行为，不听话，是由于缺少规矩的约束。以下案例中的果果就是这样的孩子。

果果5岁了，每天吃饭时，总是一边吃一边看电视，而且他总是习惯用手抓菜吃，一餐饭要吃一个多小时。果果的妈妈虽然很想让果果改掉这个坏习惯，但果果的爸爸大强却总是说："孩子还小，由她去吧。"

这天，大强带着果果去同事家做客，同事热情地留他们父女吃饭。同事的孩子闹闹刚3岁，吃饭时，就自己坐在桌子边，规规矩矩地吃饭，而果果呢，则是边吃边玩，而且把爱吃的菜全端到自己面前，专挑爱吃的吃。

同事的孩子性格直爽，见此，脱口而出："姐姐好没规矩！"这让爱面子的大强感觉无地自容。

还好，此时爱人打来电话，他便借口有急事，赶紧带着孩子踏上回家的行程了。但一路上，他一直在不停地想：自己的孩子是否真的很没规矩呢？

吃饭时不好好吃饭，而且专挑好吃的，在我们身边，像果果一样的孩子有很多，这些孩子都是没规矩，即不守规矩。

什么是规矩呢？简单地说，规矩就是规则，指一定的标准、法则或习惯，规矩既包括做人的一些礼仪，也包括人们共同遵守的某些社会规范或纪律。

在生活中，为什么一些孩子总是喜欢无理取闹、一些孩子在遇到事情的时候总是很冲动？这不是因为孩子感情丰富，而是他们缺少相应的规则约束，所以，在做事时，这些孩子没有分寸，以至于总是不听父母的话，这让很多父母非常纠结。

当然，孩子没规矩，所带来的不只这些不良后果，最重要的是，它还会对孩子的成长有很多不利影响。如果一个人在幼年时没有形成良好的规则意识，将会对其未来的发展形成障碍，给他人带来诸多困扰与烦恼。

（1）孩子没规矩，易养成不良生活习惯

对孩子来说，规矩就等于有规律的生活和行为习惯。

在日常生活中，孩子会观察、思考和学习，会通过父母对自己的行为表现出的反应，来判断“什么是可以做的”、“什么是不可以做的”。他们喜欢熟悉的生活程序，重复性的、有规律的生活，这让他们觉得有安全感，从而有利于逐渐形成习惯。

（2）没规矩的孩子，多不懂礼貌

在一些公共场合，我们时常会见到一些孩子，他们不是大声喧哗、姿势不端正，就是不懂礼让、没有礼貌；到别人家做客时，有一些孩子还总是乱翻主人的东西，这也是没规矩的表现。如果一个孩子在别人家的表现尚且如

此，那么，他在自家时又该是怎样“放肆”了。

（3）没规矩的孩子，不能刻苦学习

可以说，孩子的成长过程中，需要规矩的约束。如孩子坐在教室里学习，是一件非常艰苦的事情，需要学习者在学习过程中，用规则约束自己的行为。如果父母从小不给他立规矩，他可能难以守课堂纪律，难以好好坐着学习，从而影响学习成绩。

（4）没规矩的孩子，辨别是非能力差

爸爸如果不从小给孩子立规矩，其结果绝对不仅仅是孩子不懂事，孩子可能会对社会规则、规范公然挑衅与破坏，因为没有规矩的孩子，多没公德意识，不明是非，不了解什么事能做，什么事不能做。

（5）没规矩的孩子自控力差

同时，这样的孩子由于缺乏自我控制的能力，甚至还会失去理性，遇事总冲动，易在冲动下做出违法乱纪的事情，这会让孩子深受其害，也会对别人不利。

可以说，孩子之所以没有规矩意识，甚至缺乏必要的法律意识，一个重要的原因就是，爸爸没有重视给孩子立应该立的规矩。

没有规矩的孩子，伤不起（2）

由于现代社会中的孩子，多是独生子女，多被家人宠爱得无法无天，很少有孩子形成规矩意识，特别是0～6岁的孩子，有很多小霸王、小公主，平时做事情一点规矩也没有。

（1）吃饭没规矩

现在的一些孩子吃饭时没规矩，总掉饭粒；不用筷子，而是用手抓饭吃；每次吃饭，碗中总剩下半碗饭；或不好好吃饭，一餐饭可以吃一个多小时……这在孩子的父母看来，是没什么的，但如果父母带孩子去别人家做客，就会让人笑话。

（2）睡觉没规矩

没规矩的孩子，晚上多不按时睡觉，总是没完没了地玩网游或者看视频，甚至到晚上11点多了还不上床睡觉。结果，第二天早上，父母怎么叫他，他都不想起床。

（3）玩游戏时没规矩

有的孩子玩游戏时也没有规矩，如将玩具扔得满地都是，一点也不爱惜玩具；如果父母不满足自己的要求，就用力摔打玩具，以此要挟父母，来满足他的无理要求。

（4）做客时没规矩

孩子稍大一些，很多父母就喜欢带着孩子去亲朋家里做客，但有一些孩子去别人家做客时，一点规矩也没有，粗手粗脚地闯进去，不仅不跟主人打招呼，还乱动主人家的东西，甚至不跟主人打招呼就抓东西吃。

也有的孩子是家里来客人时没有规矩，如家里客人越多，他越爱哭闹，或提更多无理要求。这让父母非常纠结。

孩子小时候，在学龄前，可能只是表现为生活上没规矩。等上小学后，随着孩子年龄的不断增长，可能会有更多没规矩的表现，比如，在课堂上不守纪律，不好好听老师讲课，回到家不好好写作业，等等。如果家中有这类孩子，通常父母会很纠结，也有一些父母会对孩子非打即骂，用粗暴简单的方式对待没规矩的孩子。

事实上，这类父母，特别是爸爸应该好好反省下：自己的孩子为什么没规矩呢？

每一个爸爸都想做一个合格的爸爸，要想实现这个愿望，在孩子小时候，爸爸们就要及时给孩子立规矩，让孩子从小养成守规矩的好习惯。不然，就不利于孩子的成长。

好规矩胜于好爸爸（1）

在孩子的成长过程中，孩子的父母，特别是爸爸必须给孩子灌输规则意识，并帮助孩子立一些必要的、原则性的规矩。这样，就可以让孩子树立最基本的社会化秩序意识，从而最大限度地保证孩子健康地成长。

可在实际生活中，很多爸爸不仅不给孩子立规矩，而且也很少教育孩子，总是认为教育孩子是妈妈的责任，自己的责任是养家糊口，只要自己挣钱养家就可以了。

刘华平时工作非常忙，妻子的工作不是很忙，但有时需要出差。于是，夫妻俩就把3岁的儿子强强送到了幼儿园，由妻子负责接送孩子，照顾孩子。

可最近由于工作原因，妻子需要出差一段时间，刘华这个忙爸爸只好担负起接送孩子的任务。可让刘华头疼的是，妻子出差刚一个星期，孩子就忽然闹着不肯去幼儿园了。

“幼儿园有好多小朋友一起玩呢，强强你为何不想去幼儿园呢？”他耐着性子问孩子。

“小朋友不喜欢与我一起玩。哼，我才不去幼儿园呢！”强强回答道。

一听儿子这样说，刘华就赶紧给幼儿园老师打电话。没想到这电话一打就是一个多小时。通过这次通话，刘华了解到，他的儿子强强很聪明，也很活泼，但就是不守课堂纪律，总是在上课时走来走去，高声大叫。与小伙伴玩耍时，总爱抢小伙伴的玩具，有时甚至会为玩具与同伴打得不可开交。结果，小朋友们都不爱与他玩了。

听老师如此说，刘华回家后与妻子通了电话。在电话中，妻子说这孩子现在这样都是你惯的。刘华听了很不服气，反驳道："你带孩子的时间多，我没怎么管孩子，怎么这孩子现在这德行是我惯的？"

"哼，就是因为你这个当爸爸的带孩子时间少，孩子才这样！我早就跟你说过，这孩子我管不好，你得好好管，可你不听！"

"你怎么不讲理呢？你没管好孩子，反倒怪我了，简直是不可理喻！"

就这样，你一句我一句，两人在电话中吵了起来……

接完妻子的电话，刘华非常郁闷。但总算把儿子送到了幼儿园，之后，他急急忙忙赶去上班。

中午休息的时候跟同事提及儿子的事，同事们听完，都说他应该给孩子立规矩。

从这个案例中，我们可以知晓：刘华的孩子没规矩，妻子说这都是他这个当爸爸的责任，是爸爸懒于管教孩子造成的。刘华不承认，但这却是事实。

在我们身边，像刘华这类爸爸有很多，他们由于工作忙，很少有时间照顾孩子，更别说去教育孩子了。这类爸爸可以说是不称职的。

也有一些孩子的爸爸认为：孩子会树大自直，长大后自然会懂事许多，无须花太多时间去教育。还有一些家长认为，我只要拼命挣钱，将来给孩子提供较好的教学环境就可以了。

事实上，给孩子好的环境，不如给孩子良好的教育。

爸爸应该如何教育孩子呢？首先，他要明白一个父亲的责任：尽职尽责地教育孩子。再就是找到一个好的教育方法。然后，要重视给孩子立规矩这件事。

为什么要重视给孩子立规矩呢？因为对于爸爸与孩子来说，规矩都相当重要。

美国总统奥巴马曾经说：“教育孩子首先是家长的责任。家长有责任在孩子写作业时，把电视机关了，以便让孩子先把作业做完。同时，父母还要明白，我们教育孩子不是靠名气和关系，而是靠爱、规矩和努力。”

美国总统奥巴马可以说是一个好爸爸，因为他不仅懂得做爸爸的责任，更懂得靠爱、规矩和努力去教育孩子。

如果你是一个爸爸，你爱你的孩子，并想让他健康成长，想把他教育好，就要给孩子立规矩。

好规矩胜于好爸爸（2）

何谓立规矩？就是给孩子设定界限，让其遵循规则。换言之，就是让孩子明白哪些事能做，哪些事不能做，养成良好的行为以及行事习惯。

随着孩子不断成长，他也将不断地社会化。在社会化的过程中，孩子需要理解他们周围世界的规则，他们需要理解别人对他们的期待，他们要学会怎么和别人相处，他们需要懂得自己能够将一件事做到什么程度，如果他们做得太过分了，会发生什么不良后果；他们需要掌握用以衡量自己不断增长的技巧和能力的方法。

而要想做到这一切，就不能不及早让孩子懂规矩、守规矩。若孩子能守规矩，有良好的行为以及行事习惯，孩子就能受益一生。比如，孩子一旦养成认真写作业的学习习惯，孩子的作业就不用父母操心了，而且孩子会因有良好的学习习惯，而取得好的成绩。

通常，如果爸爸成功地为孩子立了规矩，就会让孩子受益终生。

（1）可让孩子有判断是非善恶的能力

给孩子立规矩，既可帮助孩子辨别什么事情可以做、什么事情不可以做，又可提高孩子判断是非善恶的能力，从而形成健全的人格和健康的生活方式，这也就是教育家们倡导的“规则内化”。

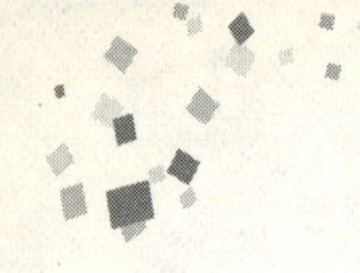

（2）可让孩子的行为变得非常理性

给孩子立规矩可培养孩子的自制力，让孩子从小变得有节制，从而让孩子的行为变得理性。

（3）可让孩子形成良好的习惯

给孩子立规矩可以帮孩子纠正不良行为，让孩子形成良好的生活习惯以及积极健康的心理。不过，很多父母都担心，特别是爸爸们总担心给孩子立规矩会太约束孩子，影响孩子的自由，从而在给孩子立规矩这件事上，变得犹豫不决。

如果家里有爱睡懒觉的孩子，每天叫孩子起床，会让很多父母十分头疼。如果爸爸能给孩子成功地立早起的规矩，就无须每天在孩子未起床时对孩子大吼大叫了。

有个叫石头的男孩特爱睡懒觉，是班上有名的赖床大王。每逢周末他至少要睡到上午10点才会起床，就是在平时，他也是能赖就赖，家人不叫个十次八次，是怎么也不肯离开被窝的，所以每天早上他家都跟打仗似的，一片混乱。每天早上叫他起床也就成了石头妈妈最头疼的一件事。妈妈想了很多办法，都没有让石头改掉赖床的坏毛病，直到那天，一直踩着点急急忙忙到学校的石头迟到了。

那天，妈妈由于前一天晚上加班赶稿子，早晨起晚了，等她一阵忙乱地把石头叫起来，已经来不及了。

迟到了的石头被老师狠狠地批评了一次，并且被罚在门外站了10分钟。可晚上回到家，他只怪妈妈不早点叫自己起床，却不知道反省自己有什么错误。石头妈妈很生气，石头爸爸也觉得不能再这么惯着孩子了。他决定给孩子立个规矩，用规矩来约束、管教孩子，让他改掉睡懒觉这个坏毛病。

石头爸爸规定，以后不再叫他起床，他必须在早晨6点起床，否则，一周内都不许玩电脑。第一个星期爸爸没叫他，石头连续迟到了5天，不但在学校被罚站，到了家也不能玩自己最喜欢的电脑游戏。

石头受不了了，信誓旦旦地说："我一定会自己按时起床的。"第二个星期，为了能按时起床，石头特意把爸爸妈妈房间里的小闹钟拿到了自己的房间。但一开始，他不是忘了调闹铃，就是闹铃一响随手按掉，再睡个回笼觉，结果呢，自然又睡过了头，每天还是很晚才起床。

连续两个星期挨老师的批评，还不能玩电脑，石头受不了了。可这一次无论他怎么抵赖，爸爸都一脸严肃地表示：规矩就是规矩，谁也不能破坏。这可怎么办？石头终于开始认真对待这件事。他考虑了很久，决定每天睡觉前先调好闹钟，第二天早晨铃声一响，他也不再马上按掉闹铃了，而是督促自己赶紧起床。久而久之，就改掉了赖床的坏毛病，也不再迟到了。

从让父母叫自己起床，到自己能按时起床，在起床的问题上，石头可以说是取得了可喜的进步。而能取得这样可喜的进步，则归功于父母给孩子立的规矩，有益于孩子对于规矩的坚守，并将它化为时刻行动的内力。

一个小小的规矩，竟然胜于师长千言万语的说教，胜于爸爸的打骂与强制性的命令。这就是规矩的神奇魅力。

以上是规矩的三大神奇魅力。除此之外，它还能正确规范孩子的言行举止，有利于孩子树立良好的价值观，促进和谐的人际关系。

可以说，好规矩胜于好爸爸，爸爸从小给孩子立规矩，比用打骂的方式教育孩子要有效得多。所以，有好爸爸，不如有懂得给孩子立规矩、让孩子守规矩的爸爸。因而，对爸爸来说，从小给孩子立规矩，是一件十分重要的事，要比自己升职加薪，还要重要。

没有没规矩的孩子，只有不懂立规矩的爸爸

早晨，妈妈着急去上班，可欣欣还是赖在床上不起。

“欣欣，快起床，妈妈先送你去幼儿园，快点哟，不然，我要迟到了。再不快，妈妈被炒鱿鱼了，不能带你吃肯德基怎么办？”

“嗯！”欣欣一边答应妈妈，一边依然在床上睡着。

欣欣妈妈无奈之下只好把电视关上了，可没想到欣欣却大哭大闹起来，赖在床上更加不起来了。

“你……你怎么这么不懂事，我真后悔把你生下来……”欣欣妈妈恨恨地说道。

“你怎么这么不懂事？我真后悔把你生下来。”面对没规矩的孩子，很多父母，特别是妈妈，十分纠结，甚至怨声连连。而孩子的爸爸呢，有的很无奈，有的则放任自流。

但更让人痛心的是还有一些父母，他们面对没规矩的孩子，不仅不担忧，而且见怪不怪，甚至觉得很好玩，一点儿也没有想到自己应该尽家长的责任：给孩子立规矩。

可以说，给孩子立规矩，是父母的责任，而很多父母，特别是爸爸之所以没有尽到这个责任，则有多种多样的原因。

（1）不重视孩子的教育，不了解给孩子立规矩的重要性

在生活中，一些妈妈对孩子爱而不教，宠爱多于管教，甚至认为孩子长大后就会慢慢好起来，凡事由着孩子性子来，孩子要什么给什么，想做什么事，都由着他做，什么要求都满足孩子，结果，孩子变得任性，无法无天。

（2）重视孩子的教育，也了解给孩子立规矩的重要性，但舍不得给孩子立规矩

可以说，这类父母，特别是爸爸多溺爱孩子，因为过于爱孩子，而不忍心、舍不得给孩子立规矩。结果，造成自己的孩子没规矩，甚至有很多不良习惯。

小明5岁了，爸爸是一家公司的副总，有小明后，妈妈就当了全职太太，与奶奶一起照顾小明，她们十分溺爱小明。而爸爸呢，也知道这一点，也给孩子立规矩，可小明的妈妈、奶奶却总觉得小明还小，不怎么支持小明爸爸给孩子立规矩。

最近，小明的爸爸发现，这孩子越来越招人烦，一点儿也不听话，而且还特别喜欢哭，他要什么就得给他什么，稍有不满他就会哭个没完，人越多哭得越起劲。在商场里看到玩具他就闹着要买，不给买就待在原地不动；去游乐场，就要将游乐场的过山车、小飞机、旋转木马等挨个玩一遍，少玩一个玩具他就会坐在地上大哭大闹。这让父母很头疼。

昨天小明爸爸的一个客户来家里做客，来的时候买了些水果，结果客人刚进门小明就嚷着要吃水果。

“妈妈，我要吃火龙果！”

“马上就要吃饭了，等吃完饭再说。”

“不，我就要吃火龙果……”

“不行！听话哟！爸爸不是给你立过规矩，家里来客人，不许乱要东西吗？”

“哇……坏妈妈！”

一听妈妈不让吃，小明立马躺在地板上，一边打滚，一边号啕大哭，怎么劝都劝不住。妈妈拿他没办法，就给了他一个火龙果，可他却把妈妈递上来的火龙果一把拍在地上。

小明的爸爸也很生气，就把他放到卧室的床上，让他一个人待着。刚开始时，小明还闭着眼睛一直哭，过了一会儿，他偷偷睁开眼睛一看，发现没人，哭声就小了很多。但心疼孙子的奶奶放心不下，就进去安慰他。结果小明一看到有人来了，立马又放声大哭起来。

家里来了客人，孩子动不动就哭，去商场不给买玩具就哭闹……很多孩子都会有类似的不良行为，这些不良行为都是没规矩的表现，而且多是父母或家人溺爱的结果。

父母或家人溺爱孩子，孩子就会变得没规矩，这样的孩子更应该及早给他立规矩。

通常，当孩子5岁左右时，他已经懂得试探大人的态度与反应了，如在哭闹的过程中，偷偷睁开眼睛看。因为如果此时父母的态度有所松软，孩子就会明白：自己用哭闹的方式就可以让父母满足自己的无理要求。之后，他只要一不如意，就会以此来要挟父母或家人，开始给家人“立规矩”：我一哭闹你必须服从我，我想让你做什么，你就必须答应……很多宝宝就是以哭闹的方式要挟父母或家人，以满足自己的无理要求。

为防止孩子有不良习惯，在孩子5岁时，爸爸一定要给孩子立规矩，立了规矩后，一定要坚守原则。

（3）重视孩子的教育问题，但喜欢用粗暴简单的方式教育孩子

这类父母不溺爱孩子，但教育方式有问题，孩子犯了错误，非打即骂。但用这种方式教育孩子，只会让孩子形成不良个性与习惯，甚至有撒谎行为出现。

当然，也有一些父母，特别是爸爸，虽然重视规矩，给孩子立了一些规矩，可是规矩不全面，或者执行得不坚决，朝令夕改，结果，难以成功地给孩子立规矩，这也是一些孩子有不良行为的原因之一。

“补偿”孩子金钱，不如给孩子立规矩

房子、车子、孩子……如今，随着生活的压力不断增大，一些父亲不得不整天忙于工作，没有更多的时间陪孩子，特别是那些白领族爸爸，更是经常加班，鲜有时间照顾孩子、教育孩子。这些爸爸面对孩子时，总是心生愧疚，愧疚之余，就会给孩子一些补偿，如给孩子买很多玩具，或给孩子很多钱，甚至连孩子的一些无理要求也都会尽量满足，可这样做的后果，并不利于孩子健康成长。

晶晶的爸爸就是典型的“补偿”型爸爸。

晶晶的父母都在外企上班，是典型的白领一族。他们的工作都很忙，周末还都是单休，有时还要加班，所以，照顾晶晶的重任，就落在年迈的爷爷奶奶身上了，而为了补偿孩子，晶晶的爸爸每周都会给孩子500元左右的零用钱。

这个星期天，晶晶的爸爸难得休息，于是他决定带晶晶去游乐园玩。他前一天晚上就跟晶晶约好：星期天7点起床，8点出发。晶晶满口答应了。但到了星期天，爸爸叫晶晶起床时，她却怎么都不肯起，叫的次数多了，情急之下，她竟然还对爸爸大发脾气：“吵什么吵，滚一边去，烦死了！”

听到女儿这样说话，晶晶的爸爸生气了，一把把晶晶从床上拎起来。这下晶晶闹得更厉害了，她一边哭，一边把床上的被子、枕头全扔到了地板上。

看到晶晶这么无法无天，晶晶妈妈瞠目结舌。而晶晶的爷爷奶奶呢，对魔女般的孙女，又是哄又是劝。等晶晶好不容易安静下来，已是9点多了。晶晶的爸爸也没有了带她去游乐园的兴致，最后只好带她去附近的公园走走。

可到了公园，晶晶又闹了起来。她在玩滑梯时跟另一位小朋友发生了争执。排队时，那个小朋友排在前面，可排在后面的晶晶却插队先玩了滑梯。小朋友的爸爸一气之下，带着那位小朋友走了，临走时扔给晶晶爸爸几句话："你家孩子太没规矩了，怎么连先来后到的规矩都不懂！养不教，父之过！你们还是好好教育一下孩子吧！"

"养不教，父之过。"听到小朋友的爸爸这么说，晶晶爸爸的脸一下就红了，可不懂事的晶晶还在起劲地玩滑梯。孩子不守规矩，爸爸肯定会不好意思，但不好意思是没用的。

时下，像晶晶爸爸一样的"补偿"型爸爸有很多。总给孩子"补偿"，其结果呢？

如果你也是"补偿"型爸爸，就要从现在开始，做一下改变了。

（1）再忙也要做个好爸爸

再忙也要做好父母，特别是工作繁忙的爸爸们，一定要意识到陪伴与教育孩子的重要性，要学会挤出时间陪孩子，如平时推掉一些没必要的应酬，节假日放弃加班陪孩子。

（2）从现在开始给孩子立规矩

如果想做一个好爸爸，就要改变以往的错误做法：多给孩子零用钱，或一味地满足孩子的要求。

要知道，一味地满足孩子的要求，而不注重教育，甚至忽略了对孩子进行品质、心理健康以及良好个性方面的教育与培养。

好的规则、规矩是孩子最好的老师。在孩子的成长过程中，爸爸必须给孩子制定一些规矩。

首先，应该给孩子立花钱的规矩，要让孩子明白，哪些钱应该花，哪些钱不应该花。其次，要给孩子立一些生活规矩。比如，对他人要有礼貌。

现代社会，很多年轻的男人工作繁忙，工作与生活压力很大，但无论工作多忙，都要做一个好爸爸，要想做个好爸爸，就要多挤时间陪孩子，重视给孩子立规矩。这样，才能让孩子养成良好的生活习惯，避免孩子出现一些不良行为。不然，一味地用“补偿”性教育理念与方式教育孩子，只能让孩子长大后成为一个自私、没责任心、是非观念差的人。

爸爸，是孩子的规矩导师

爸爸是孩子的第一任导师，在孩子的成长过程中，爸爸承担主要的教育责任，扮演着极其重要的角色。如果你想做称职的爸爸，就要从一开始就承担起对孩子的教育责任，要好好教育孩子，不仅给孩子立规矩，还要鼓励与监督孩子守规矩。

我的一个表姐，八年前她与老公离婚了，离婚的时候，是老公坚持的，可如今她老公却后悔了。

表姐与她老公离婚时，他们的女儿苹苹只有8岁，现在苹苹是16岁的大姑娘，却成了一个问题少女，不仅抽烟、喝酒，还在高一时就退了学，之后，一直在社会上瞎混。

小时候苹苹很听话，也很活泼，每次快到放学的时间，都能听到苹苹的歌声。可过了几年，亲戚朋友们再提起苹苹，都说，苹苹成绩一路下滑，见了亲戚也爱理不理的，就像没看见一样……当初我还不相信，直到有一次在商场碰到苹苹与她妈妈。

“表姐，苹苹也来逛街，今天怎么没上课？”

“今天下午放假呢！”

“哦！”

“苹苹，你怎么不叫姑姑？”苹苹将头扭向一边，好像没听见妈妈的话似的。

“没关系的，叫不叫我都是她姑姑！”

“哎，这孩子，你怎么不听话！”

“妈妈，你烦不烦啊，逛街也唠叨，不让人清净，烦死了！”

“你这孩子，怎么能对妈妈说这种话？气死我了！”

妈妈说她两句，就顶嘴，这孩子怎么这么没大没小，没规矩？尽管我心里不舒服，还是劝说表姐别生气，可苹苹却给我留下了糟糕的印象。之后我们就没见过面，直到听说表姐与她老公想复婚的事，才知苹苹已经成了让人头大的孩子。

在工作与生活中，我接触过不少像苹苹一样缺少父爱的女孩。这些孩子并不都是离异家庭的孩子，但孩子的爸爸都因忙于工作很少管教孩子，结果等爸爸再想管教孩子时，孩子已经不听自己话了，而且学会了与自己对抗，凡是自己让做的，都不听，都不做。反之呢，不让孩子做的，他偏偏去做。

《三字经》上说“养不教，父之过”，很显然，孩子们不听话，没规矩，与爸爸们有很大的关系，确切地说，因为他没有尽爸爸应该尽的职责。

如果孩子得不到来自爸爸的爱，就会在其他人身上寻找这种爱。一般来说，无论男孩女孩，如果在家庭中得不到爸爸的爱，都会出问题。男孩子易学坏，会成为社会上的小混混；女孩子呢，则容易被一些男人的花言巧语所迷惑，或恋上像父亲一样年龄的男人，以弥补少年时父爱的缺失。

由此可见，父亲的教育对于孩子一生的成长有着不可或缺的作用，特别是在青少年时期，孩子更需要父亲的教育与引导。

可以说，不论是在孩子性格的培养方面，还是在孩子的规矩培养方面，如果你是聪明的爸爸，就要承担起对孩子的教育责任，特别是在立规矩方面，一定要尽好一个爸爸应该尽的职责。

在教育孩子时，爸爸承担主要的责任，这种责任主要侧重与体现在以下三个方面：

（1）有责任给孩子立规矩

可以说，爸爸是孩子的规矩导师。从孩子出生起，爸爸就有责任给孩子立规矩，即让孩子养成良好的生活习惯。等孩子有沟通能力后，爸爸会给孩子立更多的规矩，让孩子明白什么事情应该做，什么事情不应该做。

（2）有责任制定家规

在孩子学龄前，爸爸有责任制定家规，特别是那些对孩子十分溺爱，甚至有些放纵的爸爸。如果想让孩子能分清在什么时候什么场合做什么是对的，最好的办法就是现在制定家规。让孩子从守家规开始，养成守规矩的好习惯。

（3）有责任严格要求自己

心理学家研究后发现，无论男孩女孩，到了一定年龄对爱的需求都会发生改变。

一般来说，在婴幼儿时期，孩子都依恋母亲，而到了青春期，大部分孩子都会追求一种有力量、有权威的爱——父爱。

可以说，当一个孩子进入了青春期时，爸爸的言行、待人接物的态度，都会成为孩子模仿的对象，这对孩子今后的社交能力将会产生非常重要的影响。

不过，孩子的良好个性与习惯都是在孩子进入青春期养成的。最重要的是，在孩子的成长过程中，孩子会观察爸爸怎样处世，从而模仿爸爸的言行举止。如果爸爸行事比较有规矩，那么，孩子做事也一定有规矩。所以，爸爸们有责任，从孩子一出生起，就严格要求自己，注意自己的言行举止是否得当。

在给孩子立规矩时，爸爸应该扮演什么角色呢？其实，在孩子的成长过程中，爸爸担任的是孩子导师的角色。在立规矩时，爸爸所担任的也是这种角色。

父亲应该怎样做，才能正确地给孩子立规矩呢？

（1）要让孩子感受到爸爸的关注

在中国传统家庭中，爸爸承担的是养家糊口的责任。相对于妈妈，爸爸通常工作要忙一些。但不管有多忙，都要记得多陪伴自己的孩子，特别是给孩子立规矩后，每天至少要抽出半小时到一小时，专心陪孩子玩，跟孩子一起做游戏、看动画片等，要让孩子感受到爸爸的关注。

爸爸经常陪孩子，与孩子一起玩，可以让孩子感受到爸爸的爱，让孩子开心，从而易于让孩子接受规矩。

（2）把握好原则，做监督官工作

在给孩子立规矩时，爸爸要把握好原则与道德底线，规定孩子什么可以做，什么不可以做。陪孩子时，爸爸可以趁机监督孩子。

在立下规矩后，爸爸要注意多与孩子进行交流，建立起和孩子良好的沟通渠道。如果发现孩子不守规矩，爸爸也要及时进行纠正。

（3）要对孩子充满信心

爸爸在给孩子立了规矩后，一定要对孩子充满信心，相信孩子能坚守给他立的规矩。相信自己能守的规矩，孩子也有能力坚守。

要知道，不相信孩子能守规矩，只能让给孩子立规矩这件事，变得难上加难。

每一个爸爸都想做一个称职的父亲，要实现这个愿望并不难，只要你在孩子出生后，多关爱他就可以了。同时，还要注意的是，重视规矩的建立。要从孩子一出生，就给孩子立规矩，并做好监督工作。

这样，才能让孩子长大后，有良好的言行及待人接物的态度。

第二章　充足的准备，成功立规矩的前提

可以说，给孩子立规矩是爸爸应该尽的职责。对孩子来说，立规矩则是一件十分必要的事情。爸爸如果想给孩子立规矩，一定先要在心理上做好充足的准备，要有理性的态度，要先梳理好规矩与爱的关系。而要想成功地给孩子立规矩，父母先要给自己立规矩，并学习一些给孩子立规矩的技巧与方法。只有父母认真地对待给孩子立规矩的事，才有利于成功地给孩子立规矩。否则，就易半途而废。

给孩子立规矩，你准备好了吗

没有规矩，不成方圆。在生活中，很多爸爸想给孩子立规矩，但规矩不是随便立就能成功的，而是需要好好准备的。一般来说，随便给孩子立规矩，又没有好的态度与方法的话，立规矩这件事就会不了了之，更别说成功地给孩子立规矩了。

小杰的爸爸给他买了一台电脑，爸爸规定小杰每天只能玩半小时的电脑。

这天，小杰玩了二十多分钟的电脑，可快到关机时间时，表妹来家里做客。小杰的爸爸正准备关电脑，可小杰却带着表妹一起来玩电脑。

见状小杰的爸爸只得让小杰带表妹玩会儿。可没想到，不一会儿，这两个孩子就开始为争抢电脑闹翻了。

小杰的妈妈连忙去找了一件电子玩具拿给表妹，可是表妹一门心思地想玩电脑，但小杰却坚决不让她玩，并为此大哭大闹。

“小杰，让表妹玩一会儿电脑！”

“不行，我才玩一会儿！”

“你已经玩了二十多分钟，快让表妹玩一会儿！”

“不行！”

“小杰，不是规定了你每天只能玩半小时吗？你已经玩得差不多了！怎么能不守规矩呢？现在马上让给表妹玩，要不然，以后就不许你再玩电脑了！”小杰爸爸严肃地对小杰说。而小杰一听爸爸这么说，只好让出电脑。

爸爸规定小杰每天只能玩半小时的电脑，可他玩起电脑来却没完没了，显然，这是小杰在破坏爸爸制定的规矩。可见，爸爸给孩子立规矩，一定要言行一致，让孩子严格地执行。不然，就给了孩子破坏规矩的机会。给孩子立规矩时，一些爸爸言行不一致，这看似是方法有问题，实则是态度有问题，即没有做好准备，就匆匆给孩子立规矩。

可以说，在现实生活中，很多父母立规矩的失败，是由于以下两个原因：

（1）给孩子立规矩时态度不正确——过于随便

给孩子立规矩时，如果态度过于随便，今天让孩子守规矩，明天孩子不守规矩也随他，这就亵渎了规矩的神圣性，从而让规矩丧失了强制性。如此立规矩，注定会以失败告终。

（2）没有做好充足的心理准备工作

在给孩子立规矩前，很多父母都没有做好充足的心理准备，以为立规矩是很容易的事，没有预想到立规矩过程中可能遇到的困难。因而，一遇到困难，就不知所措，甚至任其半途而废。

给孩子立规矩，不可匆匆上阵和孩子交锋。最好的做法是，没有充分准备好，不要开始立规矩，宁可让孩子这次先得逞了，也不要匆忙开始。否则，不仅这个规矩立不好，以后再给孩子立其他规矩，也会变得更为困难。

在开始立规矩之前，爸爸们要做好充足的准备，树立正确的立规矩的态度，以认真、积极的态度对待给孩子立规矩这件事。

（1）给孩子立规矩，要树立认真、积极的态度

要想成功地给孩子立规矩，爸爸们要树立正确的态度，要主动给孩子立规矩，不要等发现孩子有不良行为，并难以改变时，才想起给孩子立规矩。

不管给孩子立何规矩，都要认真，不能马虎。既不能随便给孩子立规矩，也不能随便就废除规矩，否则，注定会以失败而告终。

可以说，第一次给孩子立规矩，只要态度认真，就是一个良好的开端，这等于向成功地立规矩迈出了最重要的一步。

（2）要保持理性、平和的心理

在给孩子立规矩的过程中，爸爸们一定要保持理性的态度，不能率性而为。如果是随着自己的情绪或性子立规矩，你的规矩就自然难以立成，如一生气时，就给孩子立规矩，就让孩子守规矩，或孩子不守规矩就冲孩子发火，甚至是打骂孩子，这样，让孩子感受到的不是规矩，而是怒气，而这怒气会让孩子产生恐惧或叛逆心理。

在给孩子立规矩时，孩子再怎么破坏规矩，再怎么不听话，爸爸们再生气，也要保持冷静和理性。

（3）要做好打持久战的心理准备

当我们给孩子立规矩时，他身上的坏毛病，可能已经存在很长一段时间了，这就不是简单而随便做一次规矩就能够改变的。所以，在给孩子立规矩前，一定要做好打持久战的准备，特别是当发现孩子有不良的行为时，不能

急功近利，心态浮躁，更不能期待在几天的时间内，就可成功给孩子立规矩。

当孩子的行为有所改变时，一方面要理性地肯定，另一方面心里要有打持久战的准备。孩子的行为会反复，这是他在考验你立规矩的耐心是否足够。

天下父母，没有不希望孩子有好规矩的，而作为孩子的爸爸，一旦给孩子立了规矩，就要态度认真严谨地让孩子执行规矩，千万不能随便就给孩子立某个规矩，也不能在给孩子立了某个规矩后，随便就放弃。

给孩子立规矩，你考虑相关细节了吗

细节决定成败，给孩子立规矩亦是如此。在给孩子立规矩时，爸爸们一定要注意相关细节，从生活的点滴处入手。

现在，让我们先看下一位美国爸爸给孩子立规矩时，是如何精心准备的。

有一位美国小女孩，她今年5岁了，十分活泼好动，可就是不爱吃饭。每到吃饭时，总是挑三拣四、挑肥拣瘦，这也不爱吃，那也不爱吃，就连在幼儿园也是这样。她的妈妈想了很多办法来让她改掉这个坏毛病，可一点效果也没有。无奈之下，妈妈只好让爸爸想办法。

“有什么办法，能让孩子爱吃饭，不挑食呢？”孩子的爸爸为此绞尽脑汁，想来想去，他决定给孩子立规矩。但他不是说立就立，不打无准备之仗，而是在立规矩之前，他先做了很多准备工作。

这位爸爸是怎么做的呢？他考虑了很久，首先，他想到了给孩子立规矩的方法。什么方法呢？他每天早晨做好几样菜，然后让孩子选择：第一，你可以选择吃其中的一样饭菜；第二，可以选择在规定的时间吃好饭，然后去幼儿园；第三，如果在规定的时间内什么都不吃，就饿着去幼儿园。为了取得幼儿园老师的帮助，他还给幼儿园的老师打了电话，告诉老师明天孩子有可能饿肚子。如果孩子在幼儿园饿得难受，老师也不能给孩子提供任何食物。

以上这位爸爸，可谓是用心良苦，考虑全面，不仅想到了立规矩的方法，也想到了如何避免他人干扰以及取得他人帮助的一个个小细节。

由于这位美国爸爸精心做好了各种各样的准备，最终，他当然成功地给孩子立了规矩。这位美国爸爸在给孩子立规矩时，非常注重细节。这一做法是值得爸爸们学习的。

在立规矩前，爸爸一定要全方位考虑，考虑好与之相关的各种细节。

（1）了解孩子不良行为形成的原因

在开始立规矩之前，需要做很多的准备。首先要好好分析为什么孩子有这样的行为习惯，应该怎样解决。例如，孩子不好好吃饭、挑食，有很多原因，有可能是父母太挑食，有可能是幼儿园的小朋友挑食。只有找到孩子挑食的原因，才能对症下药。

（2）得顺应孩子能力的不断发展

要给孩子从小立规矩，一定要顺应孩子能力的不断发展而增加难度。例如，有的家长就把家规贴在墙上：尊重家长；该写作业时写作业；自己整理玩具；脏衣服放在筐里，等等。之后，要让孩子有个经历的过程，给孩子一个适应的时间，让他逐渐学会遵守。

（3）要考虑规矩的沟通与问题

小孩子沟通能力差，在给孩子立规矩前，爸爸要考虑如何把你立的规矩与要求给孩子讲清楚，用什么样的沟通方式，易让孩子明白。

同时，也要考虑孩子破坏规矩时，自己该怎样保持心平气和，不发脾气，而当孩子守规矩时，或当孩子的行为有所改变时，采取什么样的小举措奖励一下孩子，以此来激励孩子更好地守规矩或取得更大的进步。

（4）要坚守爱与规矩的原则

真正的规矩，是体现爱的规矩。给孩子立规矩不是不讲情面，而是为了孩子有更好的将来。可以说，“爱心”是建立健康心理界限的关键所在。立规矩要在坚持爱与规矩统一的基础上，在给孩子立规矩前，爸爸们就要考虑好，如何立规矩，才能既改变其不良行为，又不使孩子受到伤害或失去安全感。

在立规矩的过程中，在孩子情绪不好或者哭闹反抗时，别忽视孩子的心理感受，应给予他安慰，引导他正确对待“规矩”。

（5）给孩子营造良好的氛围

给孩子立规矩时，爸爸一定要给孩子创造良好的环境。如孩子不好好吃饭，就要将家中所有的零食都处理掉，至少要放到孩子找不到的地方；多带孩子去有利于学规矩的地方，如朋友家，特别是让孩子多去比较守规矩的朋友家；也可以去一些公共场合，如想让孩子学会排队，可带孩子去公交车站，看他人是怎么排队的；也可让孩子看一些影视或书籍，用榜样的力量激励孩子守规矩。

（6）要预测可能发生的事情

爸爸要明白，给孩子立规矩，设立限制，不应是情绪冲动的结果，它应当是一个充分运用家长智慧、经验和爱心的过程。所以，在给孩子立规矩前，爸爸要提前预测可能发生的问题、孩子可能的犯规行为，最好是考虑出应对的举措。

给孩子立规矩，你准备好了吗？如果你早已有了充足的准备，那就无须再等待了，马上就开始立规矩吧！同时，要记得孩子的不良行为有所反复时，自己一定要坚守原则，而不是放弃！

了解孩子，是立好规矩的前提

每一个孩子都是独特的，都有自己的优点与缺点，要想成功地给孩子立规矩，在立规矩前，就要了解自己的孩子是什么类型的，有什么样的心理特点与内心需求，根据孩子不同的心理与成长特点给孩子立规矩。这样，就比较有效了。

几天前，我收到了一位爸爸发来的邮件，这位爸爸诉说了他的烦恼。

老师：

您好。我的儿子贝贝现在上幼儿园大班，非常淘气，经常惹是生非。他上个月在幼儿园与小朋友打闹时，把幼儿园的玻璃窗给打坏了。幼儿园的闻老师非常生气地给我打了电话，当时我正忙着工作，但不得不请假去幼儿园。到了幼儿园，我急忙给老师道歉，还买了玻璃赔给学校。

晚上回到家，我非常生气地打了贝贝的屁股，并对他说："听着，你以后再淘气，我再也不带你去动物园玩了。"

"爸爸，以后我再也不淘气了！"

孩子当时答应了不淘气。可前几天，他又在我新买的电脑桌上用刀子乱划，结果新买的电脑桌一下子就让他弄得面目全非。

贝贝接二连三地淘气，惹是生非，让我都不知如何教育这孩子了。比如到我单位，我不让他动同事桌上的东西，他偏不听，总是动同事的电脑或办公用品。我也教训过他无数次，可是收效甚微。

我应该怎么办？我是不是应该给孩子立规矩？可怎么立，如何立规矩才有较好的效果？

家里有一个淘气的孩子，当爸爸的确实会很烦恼。我非常理解贝贝爸爸以及其他那些跟贝贝爸爸有类似经历的爸爸们的心情。

在此，我一再强调的是，规则和秩序是社会公共生活中的基本准则。一个孩子只有明白了他的做事界线，才知道该如何自律，也才能对他的情绪、行为及态度负责。所以，父母要想孩子不那么淘气，或惹人嫌，就要及时给孩子立规矩。

而要想及时给孩子立规矩，有一个极其重要的前提，那就是了解孩子。

由于成长的环境不同，现在的孩子有其独特性，爸爸要进入孩子的世界，用心了解自己的孩子。了解孩子的优点与缺点，孩子的哪些行为需要加以纠正，这样，才能对症下药，有针对性地给孩子立规矩。

在生活中，很多父母认为自己十分了解孩子，总认为孩子很小，什么都不懂。事实上，更多的时候，不是孩子什么都不懂，而是做父母的不了解孩子，不明白孩子知道什么。

那么，爸爸应该如何了解孩子呢？

（1）多观察孩子

孩子小时候，特别是3岁之前，最好是由妈妈“一对一”地抚养。当然，爸爸也要参与孩子的抚养与教育，爸爸在下班后，一定要抽时间多陪孩子，即使工作再忙，每天也要留出固定时间，如用一小时的时间陪孩子做游戏，玩耍。这样，爸爸就能通过观察孩子的言行举止，来了解孩子的心理与个性特点。

（2）多与孩子聊天

孩子稍大后，特别是能够用语言表达自己的需求与情感时，父母可多与孩子进行交流。也只有多与孩子进行沟通、交流，才能了解孩子的内心需求，从而做到在给孩子立规矩时，能因人而异。

（3）多学习，多读书

了解孩子的方法有很多，既可与孩子多聊天，也可观察孩子的言行举止。但要真正地了解孩子，就需要好好学习。如要学习儿童发展心理学，了解孩子在成长过程中的一些共同规律，同时也要学习了解孩子的方法，学习如何与孩子交流、沟通。如果能学会这几点，那在教育孩子、给孩子立规矩时，遇到困难就能迎刃而解了。

给孩子立规矩，要从“心”出发

在我们身边，有些父母总拿自己的小时候与现在的孩子相比，以为这样就可以了解自己的孩子。事实上，这是一种错误的比较法。为何说这是一种错误的比较法呢？这是因为你不是孩子，孩子也不是你，是你之外的一个独立个体。

事实上，在孩子的成长过程中，他在每一个年龄段的成长与心理特点是不同的。同时，每一个孩子都有自己独特的个性，不同个性的孩子，往往有不同的个性与心理特点。

可以说，只有当你真正了解了孩子的心理特点，才会懂得他内心的需求，才能更好地与孩子相处。也只有了解他的心理，了解他不同年龄段的不同心理需求，才能根据他的心理需求与心理特点，来给他制定相应的规矩，这样制定的规矩才较为合理。

不同年龄段的孩子，都有什么样的心理特点呢？

孩子从出生到成年，要经过婴儿期、幼儿期、少年期、青少年期等不同阶段，每个阶段孩子的心理需求与表现都是不一样的。其中婴幼儿时期尤为重要，因为这个阶段是孩子性格与习惯培养的关键时期。因而，父母要多关心孩子，多了解孩子，并给孩子立相应的规矩。

让我们看一下1~6岁的孩子，在不同年龄段的心理特点与成长特点。

（1）1～2岁幼儿

1～2岁的幼儿处于“肛欲期”，这一年龄段的孩子喜欢破坏东西。如用剪刀剪坏小娃娃，用牙齿咬坏衣服等。孩子为何会这样呢？这是由于他们的自我控制力正在发展期，但是他们又不能很好地控制自己的行为与情绪。

此时，爸爸就需要给孩子制定一些相应的规矩，来帮助他纠正这些破坏性行为，如孩子爱摔玩具，首先，要让孩子明白这种行为是不乖的表现；其次，要用富于情感色彩的寓言故事或游戏，来提醒并帮助他控制自己的坏行为。

当孩子破坏规矩时，要有适度的处罚，切记不要对孩子进行过分的处罚，如打骂孩子，因为孩子此时的表达能力与理解能力以及承受能力都比较差，打骂孩子给孩子造成的心理伤害可能是永久性的。

（2）2～3岁幼儿

通常，当孩子两三岁时，一些爸爸总感觉孩子不如以前那么听话了。之前，爸爸说什么，孩子都会听。但到了孩子两三岁时，他们总说“不”。父母说吃饭，他说“不”；父母说洗澡，他们以前很开心地去洗澡，现在却说“不”洗。

为何会这样呢？这是由于孩子两三岁时，正值自我意识迅速生长期，同时，也进入了“第一反抗期”，此时的孩子非常有主见，想按自己的意志与想法行事。

如果事先知道孩子会经历这样一个时期，那与孩子的相处也会变得很容易，因为你了解他的心理需求，知道如何做、怎么做，才能满足他的心理需求，如你想让自己的孩子吃青菜，你不能直接说吃青菜，而是要说：宝宝，你想吃黄瓜还是吃茄子?

（3）3～5岁幼儿

3～5岁幼儿已经开始形成一定的自我控制力，其攻击或破坏性的行为相对减少，甚至只是偶尔出现。在这个阶段，孩子偶尔性的破坏性行为，多发生在产生不良情绪时。因而，如果父母在孩子出现不良行为，想给孩子立规矩时，先了解清楚孩子发脾气的原因，就能很好地帮助孩子纠正这些不良行为了。如抢小朋友的东西，如果是因为不良情绪引起的，爸爸最好是给孩子讲一些相关的故事，用生动的故事或寓言来启发、引导他，让他明白自己的行为是错误的，是需要改正的。这样，才能让孩子逐渐养成管理自己情绪的习惯。

（4）6岁幼儿

孩子6岁时，已经有了很好的自我控制力，但还会因为有不良情绪而产生破坏性行为，如在商场时见什么要什么，不给就打人、摔东西、哭闹等。

此时，爸爸一方面要去了解孩子动怒打人或破坏东西的具体原因，同时，也要根据其攻击或破坏东西这一行为带来的轻重后果，对他进行适当的处罚。这样，就能让孩子切身体会到破坏规矩，违反规则的后果是什么。如罚扣零用钱、罚扣玩耍时间等，而最好的方法就是他最喜欢什么，就把它当作处罚的“家法”，如孩子最喜欢玩具，在他一再破坏规矩时，就把他所有的玩具收起来，不让他玩。

爸爸们一定要明白，只有坚守住自己和孩子之间的界限，抵挡住孩子哭闹或不良情绪的“诱惑”，才能让孩子逐渐学会管理自己的情绪，从而成功地立规矩。但父母需要注意的是，如果想处罚破坏规矩的孩子，最好不要以暴制暴。

俗话说："知己知彼，百战不殆。"同理，要想给孩子很好地立规矩，就一定要了解孩子有哪些缺点、哪些不良习惯等。因为只有这样，才能做到有的放矢地给孩子制定规矩，从而达到给孩子成功地立规矩的真正目的。

给孩子立规矩是限制他自由吗

一提给孩子立规矩，一些爸爸就会反感。在一些爸爸看来，规矩等于束缚、不自由，等于让孩子失去了无拘无束的自由而快乐的童年。

事实上，自由是相对的，真正的自由是在规矩与规则下的自由。提倡给孩子“自由”，并不等于放弃培养孩子成长所需的规则和标准，并不等于放弃给孩子立规矩。爸爸们该让孩子从小明白自由与规矩的关系，以坚定的态度给孩子指明“对”与“错”的界线，要非常重视给孩子立规矩。

王伟平的女儿青青今年3岁半，上个月他把女儿送去幼儿园了，可让他头大的是，女儿对幼儿园的生活非常不适应。而在王伟平看来，幼儿园对孩子管得太紧了，这会让孩子失去自由。

因为王伟平对女儿一直采取“放养的方式”，如孩子在家总爱光着脚到处乱跑，很少穿鞋子，王伟平就由着孩子性子来；孩子爱看电视，经常看到晚上11点才去睡觉，而且睡前不洗澡，王伟平也由着她。王伟平之所以不用条条框框束缚孩子，就是想给孩子最大限度的自由，让她能生活得快乐而幸福。

但没想到的是，自从把女儿送去幼儿园后，老师总是对自己抱怨不断，不是说女儿上课时乱动，就是说孩子玩游戏时不守规则，或老是去抢小朋友的玩具或美食。

“怎么办呢？”王伟平决定给女儿转幼儿园，可是接连转了三家幼儿园，幼儿园的老师都是接二连三地向自己告状，内容无非是女儿如何淘气，如何不守规矩，并且有老师建议她给孩子多立规矩。

王伟平这才意识到孩子出了问题，或者说自己的教育出了问题。于是，他决定按老师的建议尝试一下给孩子制定一些规矩，但又担心给孩子立规矩，会让孩子失去自由，不能像天空的鸟儿一样自由而快乐地成长。

王伟平的这种担心有必要吗？作为一个父亲，他的担心可以说是没有必要的，而且有些杞人忧天。因为规矩不会让孩子失去自由，不会捆绑与束缚孩子，只会让孩子在人生的天空中飞得更高更远。

自由是什么呢？真正的自由不是率性而为，不是你想干什么就干什么。真正的自由应该是这样的：

1.真正的自由首先能分辨对错，能做出正确的是非判断；真正的自由是知道什么事情不好，什么事情好，如总是看电视不好，总是玩电脑也是一种不良习惯。

2.真正的自由是建立在约束力与自控力的基础上的。从心理学角度来说，没有框架的自由，孩子容易迷失，而且没有安全感。当然，这类孩子约束力与自控力也差。约束力与自控力强的人，才能享受真正的自由。对于不好的事情，有控制住自己或约束住自己不去做的能力，不被自己不想做的事情捆绑与约束。

3.很多研究也证明，有自制力的孩子往往在长大后更有成就，心理更平衡，因为自制力的培养过程也是心智成熟的过程。

可以说，像王伟平一样的爸爸们一定要树立正确的自由观，要用规矩约束孩子的行为，一定要给孩子灌输规则意识，给孩子立规矩，不仅要让孩子明白规矩的内容，而且也要让他慢慢明白规矩对自己和别人的意义，要让孩子明白无论什么人都要守规矩，让他从小就对规矩产生敬畏感。否则，孩子长大后就有可能要付出惨痛的代价，甚至会为此失去自由。

事实上，很多父母，特别是爸爸也明白这些道理，可是为什么他们会对规则有那么深的“成见”，甚至有家长认为建立规则是在压制孩子的天性？

归根到底有两个问题，需要爸爸好好反思：

1.我们建立的规则是否遵循了孩子发展的规律？

2.我们在执行规则的过程中，是否尊重了孩子的身心特点？

如果这两点没有做到，激起孩子的反抗，大人吼孩子哭，自然就难以给孩子立规矩了。

幸运的是，王伟平也意识到了这一点，不仅给孩子立了规矩，而且还身体力行，在点滴生活中慢慢让孩子守规矩。如他规定玩玩具后必须要洗手。当青青不肯洗手时，正在电脑前工作的他，会去洗手间洗手，然后对青青说：“青青，你看爸爸的手洗干净了吧！我给你洗了一个苹果，如果想吃的话，就先去洗洗手。”“我要吃苹果！”青青跑进洗手间，回来时小手已经干干净净了。

海阔凭鱼跃，天高任鸟飞。爸爸们如果想让孩子飞得更高，就要为孩子制定合理的规矩。要知道，规矩与自由并不矛盾，当孩子守规矩时，规矩与规则就会节约孩子的成长成本，保护孩子成长的自由，让孩子自由地发展。孩子长大后，就会成为一个真正独立自主，又具有享受自由能力的人。

让孩子明白：规矩面前一律平等

众所周知，法律面前一律平等，王子犯法与庶民同罪。同理，规矩面前，人人也要平等。只要是立了规矩，无论何人，大家都要遵守，不能随意通融与打破规矩。父母如此，孩子亦如此。爸爸必须让孩子明白这一点，这样才能让孩子用正确的态度对待规矩，并且因对规矩有正确的理解与态度，而自觉地遵守。

赵小虎的儿子叫明明，今年上幼儿园大班了，他有一个好朋友叫张娟，是邻居的女儿。这天，是周六，张娟又来找明明玩，明明的表姐嘟嘟也在。三个孩子在一起玩，玩得可高兴了。

玩着玩着，突然，张娟发现了明明家客厅的小书柜上放着一个装糖的透明糖盒，里面有好多五颜六色包装的棒棒糖。于是，她就问赵小虎："叔叔，我可以吃棒棒糖吗？"

赵小虎爽快地答道："可以，但是你只能拿两个。"

为什么只能拿两个呢？这是因为他平时与明明约法三章：每次每人只能吃两块糖或两根棒棒糖。

一听可以吃棒棒糖，三个孩子都过来拿了两根棒棒糖。

不一会儿，嘟嘟却告状道："叔叔，叔叔！张娟多拿了棒棒糖，而且说：‘你们家的棒棒糖很好吃，我想带几个回去给妹妹。’”

听了嘟嘟的话，赵小虎走到张娟面前，拉着她的手道：“孩子，我们家的规矩就是每次只能拿两块糖或两根棒棒糖，如果你想让妹妹吃糖，就回家把妹妹叫过来可以吗？不过，现在呢，要把多拿的糖放回去，因为大家都要守规矩，好吗？这样，叔叔才喜欢你，下次才会再给你吃棒棒糖！”

张娟听了，不情愿地放回去多拿的棒棒糖。

对于赵小虎的做法，你是不是很不以为自然，觉得他太小气了，竟然为了两根棒棒糖与一个孩子计较。表面上看，是他太小气了。事实上，是他在坚守给孩子制定的规矩，否则，他就会因为对别人的孩子破了例，而让自己的孩子有了想法：“为什么爸爸定的规矩，我一定要坚守，而别的孩子却可以破坏呢？”有了这个想法后，他就会有样学样，不守规矩。

在给孩子立规矩时，爸爸一定要明白，无论何人在规矩面前都一律平等。只要是立了规矩谁都要遵守，不能随意通融。这样，才能让孩子用正确的态度对待规矩，并且因对规矩有正确的理解，而自觉地遵守。

如果爸爸不让孩子明白规矩面前一律平等，孩子会怎么样呢？通常，孩子小时候小视规矩，破坏规矩，长大后，就可能无视法纪。

孩子能否在不同的场合下有意识地约束自己的行为，以适应环境和场合的需要，这就要求父母去培养孩子的规则意识。

换言之，如果想让孩子在长大后守法，不以身试法，需要爸爸从小让孩子明白规矩面前一律平等。要让孩子明白这一点，爸爸可具体这样做：

（1）给孩子立的规矩，家中其他成员也要做到

在给孩子立规矩时，爸爸不仅要求孩子守规矩，而且要求家庭所有成员

都守规矩，比如，你让孩子好好吃饭，家里所有人也要好好吃饭，不挑食。要求家庭所有成员都守某一规矩，这就会让孩子感觉这规矩不是针对他，而是针对所有人。这样，就易让他守规矩。

（2）在制定规矩的过程中，要多与孩子协商

给孩子立规矩时，要多与孩子协商。让孩子坐下来一起来商量应该制定哪些规矩，让孩子参与规矩制定的过程，实际上是孩子形成正确思维的过程，只要形成正确思维，在执行规矩时就容易得多。

（3）在制定规矩时，要家人互相监督

在制定规矩时，也让他对其他家庭成员进行监督，任何人破坏规矩，都要受到处罚，让他觉得公平，从而让他有坚持不懈的信心，并形成良好的生活习惯和规则意识。

作为孩子的爸爸，也许要做的有很多很多，但最重要的是，一定要经常告诉孩子，并设法让他们懂得：规则、规矩面前一律平等。

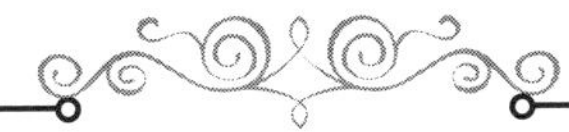

第三章　给0～6岁的孩子，必须立的早期规矩

可以说，自孩子出生后到上小学前的每个年龄段，都有应该立的规矩、要制定的规则。在孩子出生后，就要给孩子立睡或吃的规矩。规矩立得越早越好。因为越早让孩子接受早教，越早给他立规矩，越有利于他的成长，而且父母也会少操很多心。

给0～6岁的孩子，立什么规矩（1）

现在生活条件好了，生活水平提高了，孩子想吃什么父母给孩子做什么，孩子想要什么父母给孩子买什么。现在的孩子似乎什么都不缺，可却又总让人觉得不对劲，总感觉他们身上缺少点什么。现在的孩子到底缺少什么呢？其实，现在的孩子最缺少的是规矩。

可以说，给孩子立规矩，是爸爸的责任，从孩子出生起，爸爸就应该给孩子立一些规矩。

我认识一个爸爸，她的女儿2岁零6个月，他给女儿立下了这样的规矩：

（1）与小朋友在一起玩的时候，不许抢小朋友的玩具，不能打小朋友，不能咬小朋友。否则，就要面壁思过半小时，而且面壁思过后，还要向小朋友道歉。

（2）从外面回到家里，脱外套后要告诉妈妈，让妈妈把衣服挂到衣柜中；脱鞋后要放进鞋柜，不放进鞋柜要面壁思过，面壁思过后再把鞋放回鞋柜。

（3）饭前饭后以及大小便后要洗手，不洗手要面壁思过。面壁思过后再洗手。

（4）玩完玩具后要收好，自己的玩具要自己收拾好。如果自己不收玩具，而是爸爸妈妈把玩具收起来的，就三天不能玩玩具。

以上是一个爸爸给孩子立的一些生活规矩。你给孩子立过这些生活规矩吗？

也许会有人说，给两岁的孩子立这么多规矩，孩子能记住吗？是的，在给孩子立规矩时，不可一次立太多，要了解孩子的承受能力与理解能力，要看孩子是否一次记得住这么多规矩。

心理学家认为，0～6岁的孩子需要建立以下六大基本规矩：

（1）文明规矩：严禁有粗野、粗俗的行为

什么是粗野、粗俗的行为呢？所谓粗野、粗俗的行为，是指随意打人、骂人。关于这种行为，要从两方面理解：一个是显见的，指行为和语言上的粗野；另一个是隐性的，指对他人心理上的控制和压制。

在日常生活中，显见的粗野、粗俗的行为比较常见，如一个孩子想吃糖，妈妈怕给他吃太多的糖会影响健康，就拒绝了他，而孩子呢，则会为吃到糖而绞尽脑汁，既会哭闹不休，又会打骂妈妈，来达到自己的目的。但孩子不知道，哭闹或打骂妈妈都是粗野、粗俗的行为。

如果你的孩子有粗野、粗俗的行为，你必须给他立规矩：可以哭，但不许打人，不许撒泼或撒野。因为哭能发泄、调整孩子的不良情绪。不许撒泼或撒野是对孩子行为的一种限定。因为这种行为是不礼貌的。

（2）物品所有权规矩：别人的东西不能拿

从孩子成长的心理特点来看，孩子在婴幼儿时期，特别是在3岁以前，自我意识强，物权概念差。如对1岁多的孩子来说，他眼中的世界都是“我的世界”：妈妈是我的，玩具是我的，好吃的是我的，根本就没有他的、你的概念。

可长大后一切就不同了，因为成人世界的物权概念是相当明确的，谁的就是谁的。如果你将他人的物品据为己有，甚至是不择手段强行占有，那你就违法了。因而，父母必须从小就给孩子立这样的规矩：别人的东西不可以拿，自己的东西由自己支配。这样，就可帮孩子建立与他人的界限，建立明确的物权概念。

（3）归位规矩：从哪里拿的放回哪里去

这条规则的确立有利于孩子学会尊重环境，建立良好的秩序感。父母要从小告诉孩子："从哪里拿的东西，要放回哪里去。"如果孩子实在太小，不能独立完成这件事，那父母就应该和孩子一起，把用过的东西归位，从而帮助他慢慢养成良好的生活习惯。这会让孩子一生都受益匪浅。

（4）等待规矩：先来后到，后来的要等待

很多父母带孩子去公园的时候，都会遇到这样的情形：想让孩子玩滑梯、碰碰车等，可每次都要排队等待，特别是在人多的时候，经常一等就是大半天。

遇到这种情况时，有些孩子就不愿意等了，又哭又闹，这可怎么办？有些父母可能就会为了满足孩子的要求，跟排在前面的人求情，说好话，甚至有些人干脆就插队。这是不对的。其实这是一个教育孩子守规矩的好机会。

如果想做一个好爸爸呢，就可以趁这个机会，告诉自己的孩子，先来先到，后来的要等待。因为滑梯、碰碰车之类属于公共资源，由于公共资源有限，在很多情况下只能是：谁先到谁先玩。当别人玩的时候，后来的人必须学会等待。

可以说，这条规则有利于提升孩子的等待意识，培养孩子的耐心。

（5）礼貌规矩：多尊重他人

人人都喜欢有礼貌的孩子，特别是喜欢能尊重他人的孩子，当孩子懂得尊重他人，在他人做事情时，就能做到尽量不去打扰别人。同时，一个人只有尊重他人，才能赢得他人的认可与尊重，才能交到更多更好的朋友。

爸爸们必须给孩子立礼貌规矩，因为这样有利于孩子培养自己的社交能力。

（6）为人处世规矩：做错事要道歉

我们活在这个社会上，就得跟人打交道，就得懂交际。而要想不断拓展自己的交际圈，有更好的人脉关系，就要勇于承担责任：做错事要道歉。同时，一个人要想在这个社会上更好地生存，也要有自己的尊严，能维护自己的权利：他人伤害了自己，要求他人道歉。这条规则能让孩子明确做人处世的是非观念。

可以说，成功教育好孩子，往往靠的是规矩和努力。爸爸只有从小给孩子灌输规则意识，让孩子了解并坚守以上这些规则、规矩，才能让孩子有更好的心态与个性，才能帮孩子建立最基本的社会化秩序。

给0～6岁的孩子，立什么规矩（2）

在给孩子立早期规矩时，一些爸爸做得相当棒。比如小王。

小王的儿子出生七个多月了，在分床睡的问题上，他一直有很多困惑，如：这么小的孩子怎么能睡小床呢？孩子睡小床是不是会影响给孩子喂奶？孩子一天如何定时喂奶？

其实，从小让孩子分床睡，按时吃饭十分重要，父母在孩子出生后，最好马上就开始给孩子立睡与吃的规矩：独自睡，定时喂。在执行规矩的前几个晚上，孩子可能哭闹得很严重，这时候父母一定要坚持再坚持，要忍着。

小王相信，只要坚持这样做，不用多长时间，孩子就可以自己睡了。果然，一个月后，小王的儿子睡眠就变得很有规矩，而且每天睡的时候，他都用肢体语言向小王传达出这样的信息：我要到小床里睡。

小王终于成功地给孩子立睡的规矩了，高兴之余，他也要妻子坚持用母乳喂养宝宝，并让宝宝养成定时吃的习惯。

可以说，爸爸们在给孩子立规矩时，一定要根据孩子的年龄段来立合理的规矩。如孩子1岁前与1岁后的规矩是有所区别的。因为每一个年龄段的孩子，其心理特点是不同的。

同时，如果爸爸能抓住孩子各个年龄段的敏感期，对孩子进行规矩教育，也会有事半功倍的效果：如在0～6岁语言敏感期，给孩子立不许骂人的规矩。

爸爸在给孩子制定不同规矩时，还要注意的是，不同年龄一定要有不同的侧重点，而且要与时俱进。因为不同年龄的孩子，其心理与成长特点都有所不同。如4岁以下的孩子，立的主要是侧重于日常常规性的规矩，这样，有利于孩子良好的行为习惯、日常作息规律、秩序感等的形成；4～6岁的孩子，除了循序渐进培养上述习惯外，还要给孩子增加与学习有关以及和他人交往的相关规矩。

此时，父母可以给孩子多立些规矩，如家中有客人时要有礼貌。对于总是破坏规矩的孩子，父母可以进行适当的惩罚，比如，告诉他："给你3分钟的时间停止大哭小叫，否则，今天晚上不许看动画片。"

由于孩子在每个年龄段都有其自身的特点，因而，父母们在给孩子立规矩时，一定要多方面兼顾，既要立一些必须的常规性规矩，又要根据孩子的个性特点，制定一些个性化的特定规矩。这样，才能在不压抑孩子天性的情况下，让孩子养成守规矩的习惯。

新生儿，吃睡玩也要“约法三章”

孩子从呱呱坠地起就开始运用自己的感官探究这个美丽的世界，如寻找声音、喜好鲜艳的颜色……此时，父母千万不要以为他们什么都不懂。

孩子出生后，如果爸爸马上给孩子立规矩，规定好吃、睡、玩的时间，让孩子养成有规律的生活习惯，不但有利于孩子良好的行为习惯的形成，也有利于其独立个性的培养与发展。因而，当你的孩子出生后，你最好让孩子学会按时吃、睡、玩，养成有规律的生活习惯。

李娟是一家广告公司的文案，同事小刘发现，一向精力充沛的她，最近一到中午就哈欠连天，这可是怪事。

“怎么了？”

“唉，别提了！”

“到底怎么回事？孩子生病了？”

“没生病，不过比生病还让人烦。你说这孩子为何晚上老闹觉，老不好好睡觉。他不睡，我与老公也甭想睡。我们简直要被这孩子折腾死了！”

“那就分床睡或分房睡嘛！”

“我老公倒是让孩子分床睡，我怕孩子一个人睡不安全。要知道孩子才5个月。”

“有什么不安全的，你不知道？孩子的独立性要从小开始培养，父母要从孩子出生起，给孩子立吃、睡、玩的规矩。我家孩子从出生起就不与我们睡一张床，现在6岁了，他早就有自己独立的房间了。”

“啊！”李娟看着同事小刘，心想：“我可舍不得！”

小刘见李娟一副大惊小怪的样子，既为她惋惜，又觉得她可笑：一个名牌大学毕业的尖子生，怎么就不能接受新的育儿观呢？只怕以后她要经常打哈欠了！

果不其然，在之后的日子里，在单位，李娟总是一副睡不够的样子。

同样是年轻人，小刘与李娟的育儿观大相径庭。如果你不想像李娟一样被孩子折腾得筋疲力尽，就不妨按小刘的育儿观养育孩子，从孩子出生后，就给孩子立规矩。

对于刚出生没几天的孩子来说，需要立的规矩很简单，那就是要让孩子按时吃、睡、玩，养成有规律的生活习惯。而要想让孩子养成有规律的生活习惯，菜鸟型的爸爸们一定要与新生儿约法三章。

（1）给孩子立吃的规矩

对爸爸们来说，需要给新生儿马上制定的规矩应该是吃。因为孩子如何吃是最易把握的事情。

从某种意义上说，爸爸给孩子立吃的规矩，就是对孩子进行规律的喂养。无论你的孩子是母乳喂养还是人工配方奶喂养，都要尽快建立有规律的喂养方式。

一般来说，在刚出生的前8周，每天给孩子固定喂奶的次数为7～9次。每次间隔为2.5~3小时。这个间隔时间包括每次喂奶所用的时间。

给孩子立这个规矩时，爸爸们要注意的是：

第一，不要看到孩子一哭闹就喂奶。要知道，新生儿哭有很多原因，不要把喂奶当作万能钥匙。虽然有时候可能会暂时解决问题，却不利于让孩子养成有规律生活的好习惯。

第二，不要因为孩子在睡觉，而不给他按时喂奶。正确的做法是轻轻地将其弄醒喂奶。如果实在睡得很沉，就再等半小时。不要太担心弄醒宝宝会影响他的睡眠，因为大部分孩子吃完了后就会很快进入梦乡。

第三，在喂奶的过程中，不要让孩子睡着。要想做到这一点，可以一边喂奶一边和孩子聊天、说话。这不仅能让孩子在吃奶的过程中保持醒的状态，还有利于孩子的智力发展。

此外，爸爸还要注意的是，从第五周开始就可渐渐拉长夜间给孩子喂养的时间间隔。如果是人工喂养可以让孩子睡到自然醒；如果是母乳喂养夜间间隔不要超过5小时。当孩子长到了7周后，父母就可再次拉长夜间哺乳间隔。时间长了，孩子自然就能养成按时吃的习惯。

（2）给孩子立睡的规矩

对孩子来说，建立良好的睡眠习惯很重要。但新生儿总是吃了睡，睡了吃，爸爸要如何帮他培养良好的睡眠习惯呢？很简单，只要注意以下两点，就可搞定宝宝的睡眠了：

第一，顺应孩子的自然能力。

孩子从出生后，就有独立睡眠的能力。据相关机构对520名婴儿的调查发现，无论是男新生儿，还是女新生儿，无论是母乳喂养还是人工喂养，超过80%的孩子能在7～9周时一夜睡到天亮（不间断夜间睡眠7～8小时），到了第12周就有超过96%的孩子能一觉睡到大天亮了。

爸爸们要给新生儿立睡眠规矩，要按时给孩子喂奶。让孩子吃好，吃得有规律，孩子自然就睡得有规律。因为新生儿的工作不是睡就是吃，再就是玩。

第二，让孩子与父母分床或分房睡。

孩子出生后，大部分父母都是让孩子与自己一起睡。从表面来看，这是为了孩子的安全，实际上，这是一些妈妈为了满足自己的需求，如晚上方便让孩子吃奶。

妈妈这样做，其实是剥夺了宝宝与生俱来的独立自然入睡的能力，而且会造成宝宝很多行为和情感发展上的问题。因而，孩子出生后，爸爸要坚持让孩子独自睡，即使不分房，也要分床睡。否则，你的孩子在一出生时，就输在起跑线上了。

现在一些年轻的爸爸已经意识到了这一点，并开始让孩子与自己分床睡。但在给孩子立睡眠规矩的时候，却总是遇到这样那样的难题，而其中一个就是：如何培养睡眠规矩？

王小凤的女儿一直是母乳喂养，现在她6个月大，夜里平均两小时吃奶一次（且要抱着喂），怎样给孩子立睡眠规矩？让我们看一下王小凤是如何做的。

上个星期，我尝试给女儿立睡觉的规矩：让她睡在我们房间的小床上，独自睡一张床。刚开始她很不习惯。她在小床上翻来覆去，哼哼唧唧了大半个小时，但我始终坚持着，不去抱起她，也不去安慰她。终于，她由于太累而睡着了。不过夜里醒来，我还是抱了她几次。

昨晚 8点半时，她吃着吃着睡着了。之后两小时左右醒来一次，要抱着喂奶，4点醒来后，就不愿意睡觉了，直到5点多才又睡了一个半小时。

给孩子立睡眠规矩，说起来简单，做起来却很难。现在，经过训练，她已经可以一个人睡一张床了，有了独立睡眠的能力。我知道，这是坚持的效果，如果不能坚持，给孩子立独睡一张床的规矩肯定会失败。

由以上这个妈妈给孩子立睡眠规矩的经历可见，在立睡眠规矩的过程中，肯定会遇到这样那样的麻烦。但在此我要提醒爸爸们的是，不管遇到什么麻烦都要坚持。

如果爸爸想在孩子出生后，就给孩子立独自睡的规矩，而孩子妈妈又不同意的话，爸爸不妨先让孩子分床不分房。比如，夫妻俩都睡到孩子的房间。然后，再慢慢与孩子彻底分开睡。

与孩子分床后，每天上床后和孩子一起躺下，读一个小故事，亲一下。如果感觉孩子怕黑的话，可以开一盏很小的灯。

（3）给孩子立玩的规矩

一般来说，孩子在出生一周以后，醒着的时间会越来越规律。随着喂养间隔的增长，爸爸也要慢慢增加与孩子玩的时间。当他醒着的时候，爸爸可与他进行肢体和语言上的交流。如经常抚摸一下孩子，多冲孩子笑一下，同时，与孩子聊天，给孩子唱歌和讲故事。这种愉快充分的交流不仅能促进宝宝在情感、语言、智力方面的发展，而且对随后的睡眠质量也有很大的帮助。

但要注意的是，不要一次与孩子玩太长时间，按自己的喜好无限制地逗宝宝，任何时候都要记住“吃—玩—睡”的总节奏，不要让孩子在快要睡眠时太兴奋。

面对新生儿，初为人父的你肯定会欣喜若狂吧，在你兴奋之际，千万不要忘记给孩子立规矩。要知道，及早给孩子立吃、睡、玩的规矩，不仅有利于孩子养成良好的生活习惯，而且有利于其智力的发展。只要让孩子养成了有规矩生活的习惯，你的孩子就可能成为一个高智商的孩子。

1岁多的孩子，要立哪些规矩

对于1岁前的孩子，大多数父母觉得孩子很好管教，通常是父母说什么孩子听什么。而随着孩子一天天长大，就感觉孩子不怎么听话、不怎么好管教了。这是由于他逐渐开始有了自我意识、越来越以自我为中心。

1岁多的孩子正处于婴幼儿时期，大多数孩子已经能自己跑东跑西，喜欢模仿他人的言行举止，好模仿成人做事，他们总在不断地尝试，喜欢探索周围的世界，这动动，那摸摸，如果这时候不及时给孩子立规矩，那他可能会经常闯祸。

从孩子的成长规律和心理特性来看，1岁多的孩子大多能走路和说话了，是培养孩子安全感的时期。由于孩子分辨能力差，分不清哪些行为安全与危险，所以，他们需要父母的爱与保护，同时，也需要父母给他们确立一些行为举止方面的规矩，教他避免做一些危险的动作。

那么，1岁多孩子的爸爸要给孩子立哪些规矩呢？这些规矩具体如下：

（1）给孩子立有利于安全的规矩

由于孩子还没有分辨能力，他不知道哪些该做，哪些不该做；哪些行为是安全的，哪些行为是不安全的。因而，孩子经常会乱动物品，会有一些不利于安全的行为。

此时，爸爸一定要规范孩子的行为，给孩子设定一下界限，或制定一些家规，禁止孩子乱动家中一些物品，比如，不许动家里的电器开关，不许进厨房，不许玩打火机等，尽量让孩子在安全范围内活动。

给孩子立了规矩后，也要时时提醒孩子不要乱走乱动，如与孩子一起过马路时，要提醒孩子走路时要看前面的路，不要乱跑等。这样，就能最大限度地保证孩子的安全。

（2）规避破坏行为的规矩

1岁的孩子好奇心强，喜欢动动这，摸摸那，甚至有一些破坏性行为。当爸爸发现孩子爱搞破坏时，如用剪刀剪坏小娃娃，用牙齿咬坏衣服等，爸爸一定要给孩子立规矩，告诉他这是不乖的行为，要用富于情感色彩的寓言故事或游戏，来提醒并帮助孩子去控制自己的行为。

当然，爸爸要先区分孩子破坏性行为的起因，到底是由于好奇心还是无理取闹，从而采取区别对待。对孩子无理取闹的破坏性行为，是一定要禁止的，而如果是出于好奇心的话，则要进行保护和鼓励。如果孩子肆意破坏规矩，如严禁他乱扔玩具，他却乱扔玩具，甚至摔坏玩具。爸爸一定要给孩子立规矩，不能让他认为玩具坏了扔掉就行了，或者摔坏了旧玩具父母可以给买新玩具。

（3）给孩子立行为规矩

1岁的孩子不知什么行为是好的，什么行为是不良的。为了培养孩子良好的生活习惯，爸爸要给孩子立一些行为规矩，特别是爸爸发现孩子有一些不雅的行为，如用袖子擦鼻涕、随地吐痰、乱扔垃圾等。

此时，爸爸要教他正确的行为举止，给他立一些小规矩，如要用纸巾擦鼻涕，痰要吐到马桶或垃圾桶中，生活中的垃圾要扔到垃圾桶中等。

可以说，年轻的爸爸们十分重视规矩的建立，但在给孩子立规矩的过程中，也有诸多困惑。有位爸爸给我提了这样的一个问题：如何教1岁的孩子守规矩？

我的女儿14个月大了，这孩子非常没规矩，最让人头痛的就是吃饭问题，她吃饭从来都不好好吃，总是要追着喂，而且吃两口就跑。二是老咬人，既咬小朋友，也咬家人，我告诉过她不许这样，这样爸爸妈妈就不喜欢她。但每次我说的话就像耳边风，她听是听了，但一着急还是照样咬人。三就是睡觉不好好睡，到了晚上总是要抱着才肯睡。结果，把我们夫妻俩累得要死要活。

我的孩子如此没规矩，我是不是应该给她立规矩了？但我现在给孩子立规矩，是不是有些晚了？

这个爸爸的孩子都1岁多了，才想起给孩子立规矩，相比那些从孩子出生后就马上给孩子立规矩的爸爸，他的行动确实有些晚了。

不过，孩子1岁多正是立规矩的好时机。因为他会通过观察父母或家人的行为举止，吸收信息，他会从父母、家人对人、事和物的反应明白哪些行为是正确的，哪些是错误的，哪些是好的，哪些是坏的。

但由于此时孩子的语言理解能力较差，因而，给孩子立规矩时有一定的难度，如你规定孩子不许掐人、抓人，好玩的玩具与美食要与爸妈或小朋友一起分享，但孩子却依然没有礼貌或爱独享，而且还十分小气、自私，常因玩具或美食与小朋友大打出手。

此时，父母应该怎么办呢？这就要求父母在给孩子立规矩时，要讲究方法与技巧，甚至策略。

（1）要随时随地立规矩

孩子在1岁左右，其智力会经历一次飞跃性发展，此时，爸爸应该让他明白“如果你做了什么什么，那么我就会怎样怎样”。当然，这个年龄的孩子表达与理解能力差，所以，在立规矩时，爸爸一定要有耐心，特别是那些急性子的爸爸一定要沉住气，而且要结合现实立规矩，随时随地立规矩。例如，当孩子不老老实实吃饭时，父母就要将他“请”出餐厅，饿饿他。相信当他尝到了饿的滋味后，慢慢就会收敛不好好吃饭的行为了。

（2）给孩子制订的规矩要多说几次

给1岁多的孩子立规矩不仅要有耐心，而且要百说不厌，因为只有将制定的规矩多说几次，孩子才有可能明白或记住。同时，父母在给孩子说明规矩时，可在用语言说明的同时，采用动作演示，例如，让孩子把垃圾扔到垃圾桶里，父母可站在垃圾桶边，拍拍垃圾桶，然后告诉孩子，以后不用的东西要扔到这里边。当然，父母要以身作则，不用的东西千万不能随手乱扔，而是一定要扔到垃圾桶中。

（3）说明规矩时声音要大

一般来说，1岁多的孩子能够说简单的话，也对词语有一定的理解能力，但是如果父母一次说的话太多，孩子可能会对父母的话迷惑不解。因而，父母在给孩子说明规矩时，语言一定要尽量简洁，要少说话，用明确的而不要含糊的说法，而且声音一定要大，吐字一定要清晰。这样，才能让孩子明白、理解他该做什么不该做什么。如不要说：“穿得暖和点！”而要说“把羽绒服穿上！”

（4）按部就班地进行，先易后难

给1岁多的孩子立规矩，爸爸不能急于求成。要知道，心急吃不了热豆腐。因为1岁多的孩子理解力的发展跟不上技能发展的速度。

就拿给孩子立分享的规矩来说吧，1岁多的孩子已经有了自我意识，但还没有明确的物权概念。他眼中的世界都是“我的世界”：妈妈是我的，奶奶是我的，我看得到的所有东西都是我的。此时，如果给孩子立分享的规矩就要一步步来。如你的孩子爱独占东西，刚开始的时候，要先告诉孩子：“这是你的小床。”经过一段时间后，孩子已能很好地区分你、我、他后，再跟他说：“这是你的小床，这是我的大床，这是爷爷奶奶的大床。”等孩子明白物权概念后，再遇到类似的情况，可重复问孩子：“这是你的吗？”之后，再告诉孩子：“别人的东西不能拿。”再进一步，让孩子学会分享。

由于1岁多的孩子理解力的发展跟不上技能发展的速度，因而，在给其立规矩的时候，爸爸一定要有耐心，遇到困难时一定要坚持。只有不断地坚持，才能克服给孩子立规矩时遇到的困难，从而达到成功地给孩子立规矩的目的。

给2岁多的孩子，立哪些规矩最合理

可以说，2岁多的孩子正处于对秩序最敏锐的时期，父母要借机帮孩子立规矩，不仅要给孩子制定合理的规矩，而且还要用对方法，尽量要做到少惩罚，多奖励，从而帮助孩子建立良好的生活秩序。

如果你的孩子2岁多了，你肯定会感觉孩子不听话，很难带。周小江最近就让自己的儿子虎子搞得很心烦。

虎子两岁半了，长得也是虎头虎脑的，非常可爱。今天是周六，周小江连着上了两个星期班，终于可以休息了，可不巧的是，妻子却临时要加班，于是带孩子的任务就落到了周小江身上。他上午稍微收拾了一下房间，洗了衣服，决定下午带儿子出去走走。

下午3点多的时候，周小江带虎子去了公园。去之前，周小江告诉虎子最多只能在公园玩两小时，因为要早点回家做晚饭给加班的妈妈吃。

“嗯！”虎子十分爽快地答应了。

两小时后，周小江告诉虎子应该回家了，但虎子却不肯，还想在公园里玩。无奈的周小江只好半强迫地把孩子弄回了家。但回到家，虎子还是不依不饶地闹着要去公园玩。周小江一气之下就动手打了虎子，把孩子打哭了。一看孩子很委屈地哭了起来，周小江非常后悔，连忙给虎子拿出他最喜欢吃的巧克力，但虎子看都没看，就将巧克力一下打到了地上。

这下周小江可不知如何是好了。

周小江应该怎么办呢？很简单，要给孩子立规矩。要想给孩子立规矩，我们要先分析一下2岁多的孩子的心理。一般来说，2岁多的孩子，已有了语言表达能力，能够把自己的想法与意图表达清楚，但表达能力还是有限。同时孩子也有了自我意识，凡事总是坚持自己的意见，例如，孩子说“我要去爷爷家！”你说“现在不行！”他就会说“行！”

同时，孩子开始对新奇的语言和动作感兴趣，并喜欢模仿、最爱模仿父母的动作，或模仿电视人物的古怪动作。当然，此时的孩子，分辨能力也较差，不知道哪些事情应该做，哪些事情不应该做。就算几次因登高摔痛了，还是不懂得吸取教训，继续他的冒险与探索行为。所以，父母要给孩子立下行为的规矩，让孩子养成良好的行为习惯。

2岁多的孩子，自我控制力差，不能很好地控制自己的情绪，情绪容易不稳定。也许刚才还好好的，不一会儿就因一件事不如意而生气，不高兴，甚至哭闹。父母应该帮助他们了解自己的各种感觉和情绪，帮助孩子控制他的情绪。如他哭闹，可以把哭闹的他带到一个安静的地方使他慢慢平静下来。如果他打人，那么就教导他用其他方式来表达他的气愤，而且要让孩子明白：“不能打人，因为打人会使别人受伤。”

通常，2岁多的孩子要立以下规矩：

（1）生活作息中的规矩

要固定孩子的作息时间，比如，何时吃饭、何时睡觉，必须在什么地方吃饭、看书、玩玩具，既要有固定的时间，也要有固定的地点；同时，2岁多的孩子正处于对秩序最敏感的时期，爷爸要借机帮孩子立规矩，建立良好的生活秩序，让孩子明白无论做何事，都要有先后顺序，如先洗手再吃东西，先刷牙再洗脸，顺势引导孩子养成良好的生活习惯。

（2）物品摆放的规矩

孩子2岁多，父母应教孩子学会自己穿脱衣服、叠被子、收拾玩具等，要让孩子养成将东西固定放在某个位置的规矩，从而让孩子养成良好的生活习惯。为此，父母不要随意变动孩子的物品摆放位置，对环境的布置必须有一定的合理性。诸如孩子的一些生活用品，要规定孩子放在固定的地方，如杯子应该放在托盘里、玩具放在篮子里等。这样，孩子长大后，会逐渐养成收拾东西、整洁的习惯。

（3）与人交往的规矩

同时，2岁多的孩子自我意识增强，总是以自我为中心，且有较强的归属意识。“这个是我的，别人不能动。”此时，父母要耐心引导孩子，让孩子掌握一些交际技能与规矩。如教孩子玩具要大家一起玩、要学会分享，否则，就会受到冷处理。

除要给孩子立生活的规矩外，爸爸还要给孩子立一些与人交往的规矩，如与小朋友玩耍时，不能抢小朋友的玩具，要向小朋友借着玩，或与小朋友轮流玩；自己有好吃的东西，要与小朋友或家人分着吃，好东西不能一个人吃；家里的电视要大家一起看，不能自己一个人看喜欢的电视节目，而是要看大家都喜欢的电视节目。这样，就能及早培养孩子的分享意识了。

以上是2岁多的孩子必须立的规矩。给孩子制定了规矩后，接下来就要告诉孩子如何守规矩了。这可不是简单的事，怎样让2岁多的孩子有规矩呢？我的建议是引导。除此之外，爸爸还可以借鉴以下的技巧与小妙招，来给2岁多的孩子立规矩。

（1）制定规矩一定要因人而异

给孩子立规矩之前，爸爸一定要认真倾听孩子的心声，听听孩子的意见，或设身处地地站在孩子的角度考虑，制定的这个规矩是否符合孩子的心理需求？是否限制了孩子的健康发展？这样，给孩子立下的规矩才会合情合理，才能发挥最大作用。

（2）立下规矩后，无论何时何地，必须让孩子遵守

给2岁多的孩子立规矩，也要遵守高度统一的原则，如规定孩子吃饭时不许剩饭，要让孩子在外边与在家吃饭时一个样，有一样的规矩，如规定在家吃饭要吃干净，不能在碗中留下饭粒，在餐馆吃饭也要让孩子吃干净。给孩子立规矩，无论何时何地都要一样，否则，只会让孩子不明所以，无所适从。

（3）少惩罚，多奖励

为了成功地给孩子立规矩，爸爸可能要用奖惩的方式。但要注意的是在使用这种方式时，爸爸要多奖励，少惩罚，不到万不得已，最好不要惩罚孩子，而且惩罚孩子要适度，不能太过。因为这样能让孩子少受点挫败感的折磨。

同时，在立规矩之前，父母就要明白地告诉孩子破坏规矩的后果，而且要按约定的方法进行惩罚。比如，孩子早晨不起床，妈妈就要告诉他：妈妈叫你时，你不起床，就不许吃饭；而如果按时起床，就可奖励一个水果。

（4）巧用游戏让孩子守规矩

2岁多的孩子最喜欢玩游戏了。父母给孩子立规矩时，可将游戏与规矩结合起来，如放一段音乐，让孩子在音乐结束前，要做上床睡觉的准备工作：洗手、摆放好他的小枕头等。

此外，父母还要注意的是，不能冲动行事。在给孩子立规矩时，父母一定要控制自己的情绪。比如，前面案例中的周小江，因孩子的哭闹没能控制住自己的情绪而动手打了孩子，显然这是错误的。

如果周小江给孩子立了规矩，规定孩子在去公园玩的时候，必须要按约定好的时间回家，而孩子却哭闹不肯在规定的时间内回家，这时正确的做法是心平气和地对待想破坏规矩的孩子，让他树立时间观念。下次带他去公园，到约定了的回家时间前，要先提醒他时间快到了，如此坚持一段时间后，孩子自然就会明白玩是有时间限制的，自然就会按规矩办事了。

可以说，给2岁多的孩子立规矩不容易，也不是那么简单的事。因为2岁多的孩子正处于成长中的“执拗期”，同时，也是对秩序最敏感的时期。

“执拗期”的孩子自我意识强，行事非常有主见，也爱坚持自己的意见与主张。父母如果没有满足他的要求，他就会哭闹、发脾气。一般情况下，很多父母都会受不了孩子的哭闹，只要孩子一哭闹，父母就妥协，就把他要的东西给他，或者用好玩好吃的去哄他，如此不坚守立规矩的原则，满足孩子的无理要求，是不利于给孩子立规矩的。所以，当孩子哭闹、发脾气时，父母要尽量按原定计划让孩子坚守规矩。

总之，给2岁多的孩子立规矩，不仅要给孩子制定合理的规矩，而且还要用对方法，少惩罚，多奖励，既要注重培养孩子的秩序感，又要注意不去做过多的惩罚及责难，这样，孩子才能快乐而开心地成长。

给3岁淘气包，戴安全规矩的“项圈”

孩子3岁大时，独立意识比较强，好奇心与探索欲较强。随着孩子一天天长大，一些爸爸越来越提心吊胆。因为孩子变得越来越淘气，不应该去的地方偏要去，不应该动的东西偏要动，喜欢玩电源开关，喜欢玩水、登高……这些不安全的行为在孩子身上层出不穷。

同时，3岁的孩子自控力有所发展，但还是不能完全控制自己，仍会经常发脾气和哭闹，而且比较任性，生气了还会噘嘴，或者哭哭啼啼地抱怨。此时，爸爸最好给孩子制定一些规矩，让他更好地控制自己的情绪。

不过，在爸爸给孩子立规矩后，孩子破坏规矩的现象会时有发生，例如，明明告诫过他不准爬窗台或梯子，他还是会冲动地爬到窗台上或梯子上，甚至在高处模仿超人的飞行姿势。

为了确保孩子的人身安全，爸爸必须给孩子戴上规矩的“项圈”，让他变“乖”一点，“收敛”一点。

周末，赵兴买了一大堆水果回来，因为3岁的儿子涛涛特爱吃水果，特别是苹果。一见妈妈给自己买了又大又红的苹果，涛涛特别高兴！

“妈妈，我要吃苹果！”

“好！”

赵兴给涛涛洗了一个苹果，然后用水果刀把皮削掉，就给了涛涛。

“涛涛，你看电视、吃苹果，妈妈去洗衣服了，不要乱动，你脚上的烫伤还没好呢！”

“嗯！”

赵兴给涛涛开了电视，帮他调到少儿台，就去洗衣服了，可刚洗了一半，就听到涛涛大哭起来。赵兴慌忙跑到客厅，看见涛涛的手正在流血，而他的另一只手中还拿着水果刀。

“你这孩子，我跟你说了好多次了，不许乱动危险物品，你怎么不听话？你看看你脚上的烫伤还没好，手又弄成这样，你怎么天天惹是生非，就不能乖点，让我们少操点心？怎么样，现在知道淘气的后果了吧，痛了吗？”

赵兴一边给涛涛找创可贴止血，一边不停地抱怨。

3岁左右的孩子正是淘气的时候，家里有一个淘气包，爸爸会特别操心。然而再多的抱怨，也无法改变孩子的淘气行为。如果你是爸爸，千万别只顾着抱怨，要给孩子立一些安全规矩。

通常，孩子在3岁左右的时候，正处在执拗敏感期，好奇心与探索欲又特别强，头脑中没有“捣乱”的概念，什么事都想搞个明白。同时，由于记性差，对爸爸说的“不许”眨眼间就忘记。他对自认为有趣的东西和事情，你不让他摸的东西他越去摸，你越不让他做的事情，他越要做，目的是想了解它“到底是什么”或“结果会怎样”。结果便常常惹是生非，甚至会惹火烧身。

在生活中，很多爸爸都会有这样的经历：自从有了孩子后，就把暖水瓶放高一些，放到孩子无法触摸的地方。为什么要这样做呢？那是因为即使爸爸告诉了孩子很多次不要动暖水瓶，但大部分的孩子就像没长耳朵似的，照动不误，结果很多孩子因此被烫伤。

慢慢地，爸爸们就变聪明了，就会把家中的暖水瓶放高一些，家中有饮水机的，也会把饮水机放于安全处，甚至为了孩子的安全，会把家中所有的电源插座都封好。

但对于孩子来说，家中的危险物品太多了，大到刀具，小到剪子，这些东西都有潜在的危险。爸爸该怎么办？最理性的做法当然是马上给孩子立规矩，给3岁的淘气包戴上规矩的“项圈”。但要给孩子戴什么样的规矩“项圈”呢？

一般来说，孩子3岁左右的规则应该是以保护孩子自身的安全、不伤害他人和公物为界限，比如，当孩子会爬以后，就会到处去探索，爸爸要做的是尽量保证家里的环境安全，把容易让孩子受伤的物品都收好，把桌角等包好，把电源插座盖住等，做好预防措施。让孩子能够尽情去探索，在这个前提下，去给孩子立规矩。而不是死死限制这个不许，那个不许。

同时，爸爸应该给孩子立一些简单易懂的规矩，具体如下：

（1）在家里的安全规矩

为保证孩子的安全，爸爸要针对孩子的一些危险行为立规矩。例如，有些孩子喜欢站在窗台上或床上向下跳，爸爸就要给这类孩子立如下规矩：不许从高处向下跳。同时，也要规定父母不在家时，孩子不要乱动一些物品，如不许乱动水龙头、煤气灶具等。

（2）出行时的安全规矩

带孩子出门时，要给孩子立安全规矩，比如，在停车场的安全规矩。通常，才学会走路的孩子，被抱下车后，他们会开心地到处跑。为此，爸爸们要事先讲清楚，在停车场一定不能乱跑，一定要抓住大人的手，也可以自己选抓住衣服或者包。

此外，与孩子出行的时候，也要规定孩子要沿着人行道走。住所靠近马路与池塘的，父母要严禁孩子去马路上与池塘边玩耍、游戏。

（3）公共场合游玩的规则

带孩子去游玩时，一定要给孩子立一些规矩，比如，在游乐场的规则。别的小朋友在玩乐时，不要争抢因为这样就有可能伤害他。

告诉孩子玩的规则：你可以等一下，或者礼貌地问“什么时候可以轮到我”，或者先去玩别的。爸爸不仅仅要向孩子讲明规则，还要为孩子提供一些与人交际的方法，让孩子自己去选择和决定，发挥他们的主动性。

（4）按时作息的生活规则

通常，3岁小孩子虽然有了原因和结果的概念，但理解能力依然有限，爸爸不能给孩子立太复杂的规矩，最好给孩子立一些简单易懂的规矩，在科学作息、良好行为习惯等方面给孩子立规矩，如让孩子按时睡觉。

同时，3岁的孩子要上幼儿园了，除了给孩子制定按时作息的生活规矩外，更要注重孩子自理能力的培养。如给孩子立一些与自理能力有关的规矩，规定孩子自己的衣服要自己穿，每天起床后，先要刷牙洗脸，然后坐到餐桌边吃饭。

很多爸爸发现孩子犯规后，要么骂孩子，要么打孩子，要么听之任之。这不但不利于孩子守规矩，而且也会给孩子的人身安全带来隐患。而要想让孩子守规矩，爸爸可以用以下这些小妙方。

（1）对孩子的规矩进行系统化管理

在给孩子立规矩时，爸爸的头脑一定要灵活，要想一些妙招给孩子立规矩，让孩子守规矩。为了让孩子守规矩，爸爸可以对孩子的规矩进行系统化管理，即可以制作表格，或用白纸，来记录孩子每天的行为，并将这些“记录本”贴在家中显眼的墙上。

如每天孩子有一个好的表现，就在墙上贴一个笑脸或一个小红花，反之，孩子有了不好的行为就把笑脸变成苦脸，把小红花换成小黄花，并注明破坏了什么规矩。如果哪天墙上都是苦脸，就要取消孩子喜欢的一些活动，如带孩子下楼去玩。

当然，时尚的爸爸可以用电脑或手机来对孩子的规矩进行管理。如在电脑上制作表格，记录孩子的行为。

（2）巧用霍布森选择效应规避孩子的不安全行为

在心理学上，有一种霍布森选择效应。在给孩子立规矩时，爸爸们可以利用霍布森选择效应来限制孩子的行动，规避孩子的不安全行为。如当他要按电源开关时，你可以对他说：“你可以按开关，但是你必须站在门边或坐在地上去按它。”

一般情况下，不要将电源开关放在门边或较矮的地方，所以，这就对孩子的行动范围做出了限制，当他站在门边苦恼怎样才能摸到电源开关时，这也是一个很好的思考过程，既能消除他的不安全行为，还能开发他的智慧。

（3）自食其果法，让孩子遭受自然结果的惩罚

3岁的孩子对什么都好奇，总是在好奇心的驱使下，去尝试危险的动作，如将手伸向红色的抖动如绸的火焰，自然会被灼伤。一般情况下，孩子被灼

伤之后就不会再玩火了。这便是“自然结果”的惩罚，在痛苦体验中“吃一堑，长一智”。

当孩子一再破坏规矩时，爸爸可让孩子品尝一下“自然结果”的惩罚，如一些孩子对暖水瓶冒出来的“白烟”很好奇，想知道这是什么东西，那爸爸何不让他亲自体会一下“白烟”的热度呢？而当孩子由此而产生不愉快甚至痛苦的心理体验进而悔恨时，他就会自觉纠正错误行为，开始守规矩了。

（4）环境效应让孩子记住“危险”

在心理学中，有这样一个现象，即当回忆时的情境和学习时的情境完全一样时，会加深印象，记忆的效果也能达到最佳。这种现象被称为环境效应。爸爸可以借用这个效应，来教育孩子记住“危险”。

如果爸爸不小心被烫伤，一定要抓住这个机会，告诉孩子：爸爸被这个东西（暖水瓶）烫伤了。此时，爸爸要夸张地捂住被烫过的部位，对孩子喊：“烫，好烫！”直到他能准确地指出暖水瓶是“凶手”，那么你就大功告成了，孩子以后看见暖水瓶，就会乖乖绕道而行了。

如果你家有一个淘气包，而且又特别难以对付的话，那么，你就得马上采取行动，给淘气包戴规矩的“项圈”，帮助孩子学会服从规矩，增强自制力。这样，可以慢慢让孩子远离不安全行为。

给4～5岁孩子立何规矩

孩子在4岁后常常会有一个倒退期，也可以说是“还乡团”来了，常常会表现出强烈的自我、不想长大的特征，对妈妈特别依恋。同时，孩子也会产生一些不良行为。此时，父母给孩子制定规矩时要因人而异，在帮孩子守规矩时，要注重系统化的管理。

郑小童的女儿杉杉4岁了，特别聪明活泼。杉杉虽然是一个女孩子，却像男孩子一样活泼好动，总是坐不住。平时，郑小童没少吼她，叫她听话一些，可她却像没听到似的。

郑小童的同事王明也有一个女儿，名叫玲玲。玲玲比杉杉小一岁，却比杉杉安静多了，也特别懂事。有一次两家人一起去吃饭，玲玲居然小大人似的，给大家一一倒上可乐：先给郑小童倒了一杯，又给郑小童的妻子和杉杉倒了一杯，接着又给爸爸妈妈倒了一杯，最后才给自己倒上。这让郑小童十分羡慕，也十分不解：“玲玲这么小，怎么这么懂事？而我家杉杉现在见了爷爷、奶奶、姥姥、姥爷及亲戚朋友都爱理不理的……”而那次刚吃完饭，杉杉就在饭店里乱跑，差点撞了上菜的服务生……

于是，从此郑小童工作不忙的时候就向王明取育儿经。

“王大哥你是怎么教育玲玲的？”

“我特别注重给孩子立规矩，从小就给玲玲立了很多规矩，所以，我的朋友们都说这孩子现在特别懂事！”

“立规矩？我真想给杉杉立规矩，可像我们家杉杉这个年龄的孩子，应该给她立什么规矩呢？”

“当然要有针对性地给孩子立规矩，如孩子不讲礼貌，就给立相关的规矩，如见了邻居的阿姨与奶奶要问好。”

听王明这样说，郑小童心里立马有了豁然开朗的感觉，他决定马上着手给女儿杉杉立规矩。

最近不知怎么了，女儿特别黏人，大热天也总是要让人抱着，怎么推也推不下去。这天晚上，刚吃完饭，女儿就又让妈妈抱。

“杉杉，以后不许老让妈妈抱着，否则，就不许看《海绵宝宝》！”

“不要！”

听女儿这样说，郑小童马上关掉了电视。杉杉立马哭闹了起来。但郑小童没理她，硬下心肠去厨房洗碗。他知道自己如果心软，是无法给孩子立规矩的。不久后，他发现女儿的哭叫声越来越小，次数也越来越少了。

第二天早晨，杉杉又让妈妈抱。郑小童见她这样，就板起了脸孔对她说：“杉杉，再这样，今天爸爸不带你去公园了！你现在长大了，以后要自己玩，不许再让妈妈抱！更不许哭！”

杉杉咧了咧嘴，一副委屈样，但还好没哭出声。见此，郑小童很高兴。因为自己在给孩子立规矩的道路上，已取得了可喜的一步。

坚持就是胜利，相信郑小童如果一直坚持下去，在给孩子立规矩这件事情上，是肯定会马到成功的。可以说，给4岁多的孩子立规矩，虽然难度不小，但只要坚持，总能成功。这也是给小孩子立规矩的不二法门。

相比3岁前的孩子，这一年龄段的孩子有了较强的语言表达与理解能力，已经能够领会父母具体的要求和规则了，可以说，此时给孩子立规矩要相对容易得多。但由于这一年龄段的一些孩子已有一些坏习惯，爸爸就必须给孩子立一些常规性规矩，以此来帮孩子改变不良行为，培养良好的行为习惯。

这一年龄段的孩子，要立哪些规矩呢？除了要因人而异，针对孩子的不良行为立特别规矩外，还要立一些必须立的规矩。

（1）作息要有规律的规矩

为让孩子按时休息、起床，爸爸要给孩子立作息规矩，如规定孩子几点睡觉，几点起床等。要知道，4岁的孩子多上幼儿园了，一定要孩子养成每天按时休息、起床的习惯，当然，更要按时吃饭。

（2）不许有不良行为的规矩

此时的孩子好奇心很旺盛，喜欢新奇的事物、玩具与游戏。由于孩子的想象力丰富，分辨能力较差，无法将想象与现实的事物分开，而为了满足自己的需求或因害怕承担责任，孩子会有说谎和欺骗行为。但此时他们自己却不知道这样做是错误的行为。如说脏话，说谎等行为。其实，这个年龄段的孩子有这种行为是正常现象。如果你的孩子有这些不良行为，当爸爸的你不要太着急，最好的方法是给孩子制定限制这些不良行为的规矩，如不许说脏话、说谎话、打人。

（3）与人相处时的规矩

4岁大的孩子正处于社交能力发展期，这一年龄段的孩子需要学习如何与人交际、合作，从而使自己的需求与其他人的保持均衡。爸爸可以给孩子立一些规矩，让孩子明白，与人相处时，什么事可以做，什么事不可以做，如不许撒谎、打人、骂人等。

这一年龄段，爸爸可以给孩子立的规矩有：要坐有坐相，对待他人有礼貌等。

（4）5岁孩子的合理规矩

5岁大的孩子，已经能够领会父母具体的要求和规则了，已经能够懂得要遵守规则。但此时的孩子比较淘气，而且好奇心旺盛，经常会超越界限试探父母的反应或吸引你的注意力。

同时，他们能够较好地控制自己的冲动与情绪。如果他们的欲望得不到满足，他们也很少摔门、打人或者大哭大闹，只是会沉着脸，表达自己的不满。

此时，要给孩子立一些控制情绪的规矩，如不高兴时要说出来，不能摔门、打人或者大哭大闹。

在给孩子立下规矩后，如果发现孩子一而再地破坏规矩，爸爸就要对孩子进行小小的处罚，例如，让家人不理他，冷落他，让他有羞愧感。这是心理学上的冷处理法。

除用冷处理法帮孩子守规矩外，爸爸还可尝试以下方法，对孩子进行系统化的管理。

（1）列一份规矩清单

4岁后的孩子，有很多让父母头疼的不良行为，因此爸爸要针对他们最令人头疼的行为表现，如和小朋友打架、说话粗鲁无礼等不良行为来给孩子制定一份规矩清单。需要注意的是，一次给孩子制定的规则最好不超过五条，太多的话会让孩子无所适从。

（2）设定改过的时间

当发现孩子有不好的行为时，要给孩子改正的时间，同时，爸爸要清清楚楚地写明，如果孩子到规定时间还在破坏规矩，将有怎样的后果。如孩子不上床睡觉，父母就告诉他“给你3分钟的时间上床，否则，明天一天不许玩玩具”。

（3）对破坏规矩的孩子，要心平气和

如果你的孩子总是破坏规矩，你一定要保持心平气和，虽然表面上你可以装作生气。因为在这个时期，孩子的自我控制力差，他可能懂得要守规矩，但有时却会因无法控制住自己的不良行为而破坏规矩。如他在饭桌旁总不能好好坐着，但随着年龄的增长这种情况就会得到改善。要知道，6岁的孩子会比4岁的时候更加能够“坐得住”，而等到8岁，他们会有更好的表现。

（4）引导孩子反思自己的过错

可以说，与3岁前的孩子相比，这一年龄段的孩子有了较好的控制力，他能更好地控制自己的冲动与不良情绪。

此时，当孩子有不良行为，或想破坏爸爸立的规矩，比如，跟别的小朋友打架尤其是把别的小朋友打哭时，爸爸应该让孩子学会反思，一定要引导他们站在其他孩子的角度考虑问题。

爸爸在与孩子交流时，最好也采用反问的方式：“如果小明拿小棍子打你，你会怎么样？”“你喜欢别人这样对你吗？”问了孩子后，让孩子思考一会儿，自己想一会儿，然后，爸爸告诉孩子他这种行为给别人造成的后

果是什么，向孩子说清楚为什么要遵守不许拿东西打小朋友的行为准则。这样，孩子就会明白自己的行为是不良行为。

在孩子4岁多时，爸爸一定要根据这个年龄段孩子的心理需求与成长特点，给孩子制定相应的规矩。同时，给孩子立规矩后，要设法引导孩子守规矩，如用生动的故事或寓言来引导启发他，避免用生硬的说教方式教育孩子，更不要一味地训骂孩子，否则，难以让孩子逐渐养成守规矩的习惯。

6岁孩子要立什么规矩

光阴如水，随着时间的不断流逝，你的孩子一天天长大。而当你的孩子到了6岁时，你就应该给孩子立一些新规矩，因为孩子快要上小学了。如果不给孩子立一些相关的规矩，孩子上小学后，你与他都会面对很多很多麻烦事。

前不久，有一个爸爸就遇到了一个很大的麻烦：孩子不爱上学。

这个爸爸的儿子叫冰冰。冰冰出生的时候，他的爷爷奶奶正好退休了，因此冰冰就交由爷爷奶奶照顾。爷爷奶奶没什么其他事情可做，就把精力全放到了照顾孙子这件事上。可以说，他们把冰冰照顾得无微不至。

不知不觉间，孩子到了上幼儿园的年龄，爸爸给冰冰联系到了一家不错的幼儿园，可冰冰整天哭闹着就是不去幼儿园。

见冰冰不爱去幼儿园，爷爷奶奶也就依着他，不想去就不去，对此冰冰的爸爸也很无奈，但到了冰冰4岁的时候，他给爷爷奶奶下了最后的通牒：再不让孩子上幼儿园，就让妻子辞职带孩子。一听冰冰爸爸这样说，爷爷奶奶着急了。于是，人们便常看到冰冰在马路上哭闹不止，而爷爷奶奶又拉又劝地让他上幼儿园的情形。冰冰虽然上了幼儿园，但总是三天打鱼两天晒网。

现在，冰冰已上小学了。由于在上幼儿园时没能养成好习惯，如今每天送他去学校，都是一场战争，当然，由于不爱上学，冰冰的学习成绩也自然好不到哪里去。

冰冰爸爸觉得这样下去可不行。于是，他给全家来了个总动员，要求全家保持统一，一起来严厉地管教孩子，给孩子立规矩：如果冰冰不去上学，一、全家人都不理他，不与他说话聊天；二、每天让他自己待在家里，而且不许玩电脑、看电视；三、每天都做他爱吃的排骨，但不让他吃，要让他看着大家吃。

冰冰爸爸说到做到，当然，一开始孩子总以哭闹抗争，但全家人都狠着心不理他。时间长了，冰冰只好乖乖去上学，慢慢地对学习也感兴趣了，学习成绩也慢慢好了起来。

故事中的冰冰爸爸，为了让孩子变得爱上学，给孩子立了规矩，并且为给孩子成功地立规矩，让家人统一战线。可以说，尽管冰冰爸爸给孩子立规矩的时间有些晚了，但由于在立规矩时，所使用的方法得当，最后，他还是成功地给孩子立了规矩。

如果家里有快上小学的孩子，爸爸要给孩子制定哪些规矩呢？

事实上，孩子在上小学前，爸爸要让孩子养成有规律的生活习惯，要按时休息，另外也要注意养成良好的卫生习惯。

（1）作息方面的规矩

孩子6岁时，爸爸要让孩子按时睡觉或起床了，特别是那些爱看电视，晚上不想睡，早晨不想起床的孩子，更应如此。因为此时孩子都要上小学了，如果不能养成早睡早起等良好的生活习惯，那每天就不能按时上学，也就难遵守学校的规则与纪律。

（2）自己的物品自己整理的习惯

如果你的孩子还不会整理自己的东西，那么，你现在要给他立规矩：每天整理自己的书包，收拾好自己的学习用具。他的小抽屉里面该如何放东西、东西放在哪儿也要有规定：左边放课本，右边放练习本，中间放铅笔盒。这样，每天拿东西也会很方便，不会因找东西而浪费时间。

同时，也要规定孩子每天做一些简单的家务劳动，如擦桌子、摆碗、扫地、拿报纸书刊等，以培养孩子的自理能力。这样，才能帮助孩子适应学校的生活。

（3）与同学交往的规矩

孩子上小学后，与同学和他人交往的机会也就多了。此时，爸爸一定要给孩子立一些交往方面的规矩，如在幼儿园时，不能跟同学打架，尤其是不能主动打他人，别人欺负自己时，应该告诉老师或大声向其他同学求助等。

如果你的孩子和一些你不喜欢的孩子成为了朋友，你不要禁止孩子与那个孩子交往，只要给他提一些建议：

虎子是什么样的孩子？

你喜欢他总讽刺你吗？

你喜欢他什么？我通常不会喜欢与没礼貌的人在一起。

不过，爸爸发现孩子与有不良习惯的朋友一起玩时，必须采取行动，设法让孩子远离那个朋友。

（4）卫生方面的规矩

如果孩子以前没有养成良好的卫生习惯，这时候，爸爸就要给孩子立爱干净、爱清洁的规矩了，如饭前便后必须洗手；每天都要携带手帕和面巾纸，吐痰或擦鼻涕时一定要用手帕和面巾纸；每天上床前必须洗脚，天热时，要每天洗一次澡，天冷时，要三天洗一次澡等。

（5）说话方面的规矩

孩子在6岁左右，最易说脏话，有时候，他只是在模仿别人，而有的时候，他甚至是通过这种方式来试探你的反应或吸引你的注意力。不管孩子是出于什么原因说脏话，爸爸都应该给孩子立不许说脏话的规矩，而且自己也要以身作则，不说脏话。

（6）学习方面的规矩

孩子上小学后，老师可能每天都会布置作业。为了让孩子养成良好的写作业习惯，爸爸就要提前给孩子制定一些学习规矩，如每天放学回家是先写作业还是后写作业，写作业时要集中精力，不能一边看电视一边写作业，或一边玩一边写作业，否则，就要受到处罚。

给孩子立好规矩后，如何让孩子守规矩呢？对此，爸爸们一定要注意以下几点：

（1）要把道理讲清楚

与6岁之前的孩子不同的是，6岁的孩子已经懂道理了，如果你把道理讲清楚，孩子就会配合你，并且答应你的要求，能更好地守规矩。反之，如果你简单粗暴地命令孩子，他要么不理你，要么假装听不见。因而，给6岁的孩子立规矩，一定要以平和的语气和尊重他的态度，与孩子说明规矩，沟通规矩。

（2）不要理会孩子的无理请求

给孩子立好规矩后，就不能够随意打破规矩，更不能满足孩子的无理要求。例如，孩子要求以水果代替正餐，或晚睡一小时等，有时，爸爸以为偶尔“放纵”一次没什么关系，但长此以往就会让孩子养成不守规矩的习惯。

（3）给孩子立规矩爸爸要hold住

给孩子立规矩时，爸爸一定要神情严肃，如发现孩子说脏话，就要神情严肃地告诉他不要这样。但孩子破坏规矩时，不能一味责怪打骂，而是要用正面的，不用负面的说服法，如不要说“不要再看电视！”而是说“应该睡觉了！”如果孩子一而再地破坏规矩，如总是说脏话，你就要给他具体的惩罚，比如，没收他每天必玩的游戏机。

要知道，给孩子立规矩不是为了约束孩子，而是为了给孩子更多的爱。所以给孩子立规矩，爸爸应该坚持原则，但同时也要注意，6岁的孩子还是小孩子，在给他们立规矩时，既要坚守给孩子立规矩的原则，又要在坚持原则的基础上多给孩子爱抚，比如，孩子发脾气时或者哭闹反抗时可以不去理会，但等他平静下来后，爸爸应抱抱他，给予他安慰，从而引导他正确对待“规矩”。

第四章　这些生活规矩，可让孩子有好习惯

为了培养孩子的交际能力，爸爸要从孩子小时候做起，不仅要给孩子立一些“老规矩”，同时，也要与时俱进，给孩子立一些新规矩，比如，不许沉迷电视或电脑游戏等。如此培养孩子，孩子长大后才能成为一个德才兼备的栋梁之材。

从小给孩子立玩的规矩（1）

小孩子都爱玩，都贪玩，有时候玩起来甚至就跟疯了似的。因为小孩子好奇心强，探索欲强，但又不知危险，同时，如果爸爸任由孩子玩，也可导致孩子形成不良习惯。因此，从小爸爸就必须给孩子立一些玩的规矩，这样既能保证孩子的安全，让孩子玩得放心，又能让孩子玩得开心，且不致让孩子养成一些不良习惯。

周末，爸爸带着菁菁去公园玩，一开始公园里的小朋友还不多，于是菁菁就总缠着爸爸，总让爸爸抱着不肯下地。但抱久了，爸爸感觉有些吃不消，就跟菁菁商量说："菁菁，爸爸累了，你下来走走好吗？"

"不，我要爸爸抱！"

"可爸爸累了，再说，出门前，你不是与爸爸'约法四章'：想来公园玩，就得自己玩，不许乱跑，不乱买东西，不许跟小朋友抢滑梯吗？"

"嗯……"菁菁想起了与爸爸的"约法四章"，有些犹豫，于是爸爸趁机将菁菁放在地上，拿出随手带的玩具——小汽车，让菁菁自己玩了起来。

菁菁独自玩了一会儿，一个叫虎子的孩子跟妈妈一起走了过来。虎子跟菁菁两人年纪相近，又同住一个小区，平时就经常见面，所以，两个小孩子很快就玩在一起了。

但玩了没多久，菁菁忽然哭了起来。原来她的小汽车被虎子抢走了。虎子妈妈非常生气，吓唬虎子道："快把汽车还给妹妹，要不然，下次就不带你来公园玩了！"

"不来就不来，谁稀罕！"虎子很不服气，一把将玩具扔在了地上！"给，不就是一个破玩具嘛！"

菁菁从地上捡起玩具，却发现汽车玩具已经被虎子摔坏了。见到这种情形，虎子妈妈非常不好意思地说道："菁菁，别生气啊，阿姨明天再给你买一个新的。"

菁菁爸爸听了，连忙说道："不用了！不用了！"

"那多不好意思！"

"没事，不就是一个玩具吗，坏了就坏了，不过，我建议你给虎子立一些玩的规矩。我现在就正在给菁菁立玩的规矩呢！"

"孩子玩也要立规矩，那孩子能玩得开心吗？"

"当然能！就是为了让孩子玩得更开心、让大人更放心，我才给孩子立规矩的！"

孩子玩也要立规矩？给孩子立玩的规矩，孩子会不会玩得不开心？相信很多家长都跟虎子妈妈一样，有这样的疑虑与担心。

事实上，给孩子立玩的规矩是必须而且紧要的。要知道，小孩子都爱玩，但绝不能依孩子的性子让他玩。因为没有节制的玩耍既不利于孩子的身心健康，难以保证孩子的安全，也容易与其他孩子发生矛盾与摩擦，影响孩子人际交往能力的发展。

举个简单的例子。有两个小孩，与其他小朋友玩耍时都喜欢与人抢玩具，抢不过就打，总是把别的孩子打哭。这时候，其中一个小孩的爸爸对他说："以后不许抢小朋友的玩具，更不许打人，否则，我就不喜欢你了，小朋友也不会喜欢你的！"而另一个小孩的爸爸见了，不是佯装看不到，就是沉默不语，甚至默许。试问，这两种做法会产生什么效果呢？你会发现，被爸爸训斥的孩子此后不再或很少跟其他小朋友争抢玩具，而另一个孩子，还会继续抢别的小朋友的玩具，并逐渐受到其他小朋友及其父母的排斥，渐渐地，谁也不跟他玩了。

再比如，小孩子都喜欢玩土、玩沙子、玩水。小孩子玩沙子和玩水，有利于培养他的专注力，但不管是玩沙子还是玩水都不能依着孩子的性子来，而要给孩子立玩水或玩沙子的规矩，如什么时候可以玩，一次可以玩多长时间，玩的时候要注意什么等。不能让孩子随意玩水或玩沙子，因为一不小心，孩子可能会溺水或者受到飞舞的沙子的伤害，身体健康受到威胁。

从小给孩子立玩的规矩（2）

为了保护孩子，让孩子健康快乐地成长，对爱玩的孩子，父母最好给他们立如下规矩。

（1）给孩子立哪些可以玩，哪些不可以玩的规矩

小孩子喜欢玩很多东西，我们不在意的一些东西，孩子都可能当玩具玩。但由于孩子无法区分哪些物品安全，哪些物品不安全，所以，爸爸们要给孩子立一些规矩，如可以让孩子玩安全的物品，如布娃娃之类的玩具，不可以玩刀子、剪子等危险物品。

在给孩子立规矩时，爸爸要将那些危险物品收到高处，或贴上红色标志，并指着这些物品告诉孩子："不能动这些物品！"

（2）给孩子立不耍赖的规矩

2岁左右的孩子喜欢撒娇、耍赖，与父母出去玩时，不愿自己走路，想让父母抱着走，父母不抱就坐在地上或抱着父母的大腿耍赖。

爸爸如果要带这类孩子出去玩，就要事先跟孩子立"规矩"：要出去玩就必须自己走路，否则，就不带你出去。爸爸给孩子立规矩的时候，一定要注意说话的语气与态度，语气要坚定，态度要严肃。如果孩子答应了守规

矩，可他一出去就犯规，爸爸应该履行诺言，马上把他带回家。

（3）在小朋友多的场合，玩具要轮流玩或交换着玩

小孩子之所以会与其他孩子发生争执，主要是因为玩具或美食。爸爸千万不要等到发生争执时再来打骂孩子，因为这只能是隔靴搔痒。最好的做法是早早给孩子立规矩：如与小朋友一起玩玩具时，要轮流玩，要与小朋友一起玩。

如发现孩子与其他小朋友争抢玩具或美食，爸爸要立即让孩子将所争夺的物品交给自己，并且告诉他们，争抢不对，打人更不对，玩具可以轮流玩。同时，还可以建议孩子用石头剪子布的方法，决定玩耍的先后顺序。

（4）与小朋友玩耍时，要“君子动口不动手”

爸爸在给孩子立不许跟小朋友发生争执、争抢玩具的规矩时，要教会孩子必要的交际用语，特别是在孩子的语言发展时期，爸爸要多教孩子一些交际用语，比如，“能让我玩一玩你的小汽车吗？”“可以先让我玩一会儿，你再玩吗？”这样既可以让孩子知道如何与小朋友友好相处，又可以让孩子掌握一些礼貌用语。

可以说，爸爸仅仅给孩子立这些规矩，还远远不够，要想成功地给孩子立玩耍的规矩，就要随着孩子的不断成长，社交圈子不断拓宽，不断给孩子制定新规矩。

同时，爸爸在给孩子立规矩时，要做到与时俱进，并要勇敢承担责任，起到积极的榜样作用，为孩子树立模范的正面形象。具体可这样做：

（1）爸爸不要护孩子的短

孩子与其他小朋友玩耍时，因争抢玩具，而将其他孩子打哭或推倒，爸

爸要安慰被打哭或被推倒的孩子，要当着自己孩子的面，代替自己的孩子向对方赔礼道歉，并且和对方玩新的玩具或游戏，且不带自己的孩子一起玩。这样冷落他，就可以让孩子明白，打人是不对的，别人会因此而孤立自己，自己会因此而失去朋友。

（2）多用鼓励效应

在与其他孩子玩耍时，如果自家孩子不再跟别的小朋友争抢玩具，而且非常乐于与别的小朋友轮流玩或交换玩具玩，或出去玩时，喜欢自己走路，不要父母抱，这时候，爸爸应该对孩子做出相应的奖励，表扬他、鼓励他，爸爸可以这样对孩子说："你已经长大了，应该自己走路了。加油，相信你能行的！""你知道和小朋友轮流玩玩具了，真棒！"或"你都能自己从公园走到家了，真好！"

可以说，在孩子成长的过程中，爸爸一定要给孩子立玩的规矩，这样，才能让孩子玩得开心，父母也能安心。不过，在给孩子立玩的规矩时，爸爸一定要用心，要以身作则，尽好监督与示范的责任，发挥正面的榜样作用，否则，就比较不容易给孩子立玩耍的规矩。

给家里的“小宅男”、“小宅女”立何规矩

现代父母工作繁忙，少有时间陪孩子，而孩子又不喜欢外出，一些孩子就成了典型的“小宅男”“小宅女”，他们经常待在家里，不是看电视就是玩电脑。可以说，孩子总是在家宅着，不仅影响身体健康，也会影响其个性成长。所以，家有“小宅女”或“小宅男”，父母千万不能大意，不妨给孩子立一些规矩，以此来帮孩子改掉沉迷电脑或电视的不良习惯。

刘海涛家住山东某城市，他曾经给我发电子邮件，向我诉说他的烦恼。

我有一个女儿叫瑶瑶，今年7岁了，一点也不像其他的孩子那样活泼好动，是一个彻头彻尾的“电视迷”、“电脑迷”。

瑶瑶早上醒来的第一件事就是打开电视看动画片，她要在床上看一会儿电视才会起床。而那些动画片是她看过很多次的，可她就是百看不厌，而且每次都聚精会神，眼睛直直地盯着电视，高兴时会躺在被窝里直打滚，也因此总是要到迫不得已时才起床，结果每次上学的时候总要弄得手忙脚乱。

除了看电视，她还喜欢玩电脑游戏。每天放学回家，她都要玩电脑游戏，而且一玩至少就是一小时。每天吃晚饭时，也总要叫她几次才肯离开电脑……我担心，这样下去，孩子视力肯定会受影响。此外，我还担心孩子的交际能力出问题。因为她很少与小朋友交往，每天都急着回家看电视或者玩

游戏，很少出去与邻居的小朋友玩，完全就是一个“小宅女”。

哎，为什么现在的电视动画片这么多，电脑游戏这么吸引孩子呢？

孩子爱看电视、爱玩游戏，不爱学习，也不爱出去与小朋友玩，长此下去，肯定是不利于孩子成长的。

心理学家认为，电视、电脑游戏更多的是一种被动的单向刺激，如果孩子沉溺于此，时间长了，就容易出现对外界反应迟钝、不擅长与他人交流的情况，这对于正处在社交能力发展中的孩子来说是非常不利的。因而，国外的心理学家大多不提倡6岁以下的孩子玩电脑游戏，而且还一定要控制和减少其看电视的时间。为此，爸爸要给这些沉溺于电视电脑的“小宅男”、“小宅女”制定一些规矩，限制他或她看电视或玩电脑游戏的时间。

（1）给孩子规定看电视的时间

爸爸一定要限制孩子看电视的时间：3岁以下的孩子，每次看电视的时间不应超过15分钟，一天不应超过1小时；3岁以上的孩子，每次看电视的时间不应超过半小时，一天不应超过2小时。

（2）玩电脑游戏的规矩

爸爸要给孩子立玩电脑游戏的规矩，严禁3岁以下的孩子玩电脑游戏。3岁以上的孩子玩电脑游戏的时间一次不应超过半小时，一天不应超过1小时。

不管看电视还是玩电脑游戏，在限定的时间到达前，父母要提前提醒孩子时间快到了，给孩子一个缓冲阶段。

可以说，限制孩子看电视或玩电脑游戏的规矩很简单，只要让他减少玩的时间就可以了，但如何让家中的“小宅”坚守父母立的规矩呢？对于很多爸爸来说，这才是真正的难题。要想成功改造家里的“小宅”，爸爸必须做好这几点：

（1）要扮演好监督官的角色

给孩子制定了规矩后，爸爸一定要多监督，在孩子玩游戏或看电视时，爸爸最好是陪伴在侧。如果孩子不遵守约定爸爸要发出警告，如果孩子无视警告，那爸爸就应果断关掉电视。

同时，爸爸也要引导孩子有选择地看一些健康的节目或玩一些有利于孩子成长的游戏，如少儿节目、一些闯关游戏等，绝对不能让孩子接触暴力、色情、恐怖的电视节目或游戏，以及其他不适合孩子看的节目，如成人类的相亲节目等。

（2）合理地安排孩子的作息时间

爸爸一定要合理地安排孩子的作息时间。每天放学回家后，可以让孩子先玩玩具，看一会儿书，再让孩子看电视或玩游戏，并且告诉他只能看或玩半小时，等时间一到就要关掉电视或电脑。

在此期间，爸爸一定要提醒孩子，要适时起身活动5～10分钟，让孩子养成良好的看电视或玩电脑的习惯。晚上睡觉前，要严禁孩子看电视或玩电脑游戏，在孩子停止看电视或玩电脑游戏后，要让孩子去洗手洗脸。

（3）设法充实、丰富孩子的生活

如果爸爸不是很忙，可以带孩子去小区健身区或离家不远的公园散步、健身；也可以带孩子去邻居家，与邻居家的孩子玩一会儿；当然也可在家给孩子讲故事，或读童话书。因为这样可以拓展孩子的视野，分散或转移喜欢看电视、玩电脑的孩子的注意力。

（4）让孩子多进行户外活动

每天，爸爸最好能多抽出一些时间陪着孩子一起散步、放风筝、逛公园等，给孩子接触大自然的机会，让孩子明白：不是只有电视、电脑才能给自己带来乐趣。

爸爸一定要给贪玩的“小宅男”或“小宅女”立一些规矩，限制孩子玩电脑，看电视或玩手机的时间，通过给孩子立规矩，让他明白，越是喜欢的东西越是要有节制，要让孩子学会遵守玩的规矩，这样才能帮孩子培养良好的自我控制力。同时，爸爸要给孩子提供与他人，特别是与小朋友交往的机会。让孩子多与小朋友一起玩游戏，玩玩具。这样，也有利于孩子走出家门，形成良好的生活习惯。

每一个孩子，都要立的礼仪规矩

优雅的礼仪能带给人从容、自信与成功，对孩子一生的发展有着重要影响。爸爸要想让孩子成为仪态万千、风度翩翩的人，就得从小给孩子立礼仪规矩，教会他良好的礼仪。不过，要想给天真懵懂的孩子确立礼仪规矩，就必须循序渐进，需要有足够的耐心与恒心。

朋朋的爷爷奶奶从老家来看朋朋，还给朋朋带来了花生、大枣等特产。朋朋很高兴，吃完花生，又吃大枣，甭提有多高兴了。中午吃完饭他也不愿意休息，没多久就拉着爷爷奶奶下了楼。朋朋的爸爸怕他拉着爷爷奶奶去小区的小卖部买东西，赶紧处理家务，之后跟着下了楼。

果不其然，当朋朋爸爸到小卖部的时候，朋朋正缠着爷爷奶奶给自己买东西，他已挑好一大堆吃的，还要买玩具枪。

“爸爸妈妈，不要买了，我前天才给他买了好多玩具！”朋朋爸爸急忙拦住两位老人，不让他们付钱。

一听爸爸不让爷爷奶奶买东西，朋朋立马不乐意了，他边哭边闹，还躺在地上打滚。一看孩子哭了，疼他的爷爷奶奶马上付了钱。见朋朋如此，爸爸特别生气。

晚上吃完饭，大家准备一起看电视。爷爷奶奶想看电视剧，但朋朋却又哭又闹，非要看动画片，爷爷奶奶只好依了他，四个大人围在一起聊天打发时间。过了一会儿，朋朋妈妈洗了一些水果分给大家吃，没想到的是，朋朋又哭了起来，一边哭，一边大喊："不许你们吃我的香蕉！"

看看朋朋的样子，再想想今天发生的事，朋朋爸爸觉得这孩子越来越霸道了，而且一点礼貌也没有。他很头疼，如何才能让这个超级"小霸王"，变成有礼貌、听话、懂事的孩子呢？

现在，大多数家庭都是独生子女，长辈每天都围着一个孩子打转，好吃好喝好穿好用地供着他，而孩子一旦习惯于被宠爱、照顾，就会变得任性、霸道，稍有不满，就会哭闹不停。孩子的这些行为都是不懂事、没有礼貌的表现，父母如果不趁早加以制止，换来的，只会是孩子不停地索取，会造就孩子自私、霸道的性格特点。

而要让孩子懂事、有礼貌，爸爸就要从小给孩子制定与礼仪相关的一些规矩，而且在立礼仪规矩时，不同的年龄段需要制定不同的规矩。

（1）给1岁多的孩子，立说话的礼仪规矩

这个年龄段的孩子其个体意识已渐渐萌芽，这时候，爸爸应该给他制定一些基本的礼仪规矩，如让孩子必须使用礼貌用语。每当他要点心或玩具时，爸爸就可以提示他使用这些礼貌用语，如"您好"、"再见"、"请"和"谢谢"等。

平时，在日常生活中，爸爸一定要率先使用礼貌用语，多对孩子说"请"和"谢谢"，并用愉悦的声音对孩子说。

要知道，1岁的孩子已懂得在陌生环境下观察父母的表情，做出适当的反应。同时，这时候孩子的记忆力还较弱，又很难集中注意力，你得一遍遍不

断重复地教育。这样，才容易让他记住要守的规矩。

（2）给2岁左右的孩子，立交际方面的礼仪规矩

2岁左右时，是孩子的社交发展期，孩子要掌握一些基本的交际以及与人相处的技能，为培养孩子的分享意识，让孩子学一些基本的礼貌行为，爸爸要给孩子立相关规矩，如好玩的玩具，必须与小朋友分享。

为了让孩子学会分享，爸爸可带孩子到小朋友多的地方玩耍，如，经常带孩子去公园、广场等地方，去之前要预测好可能发生的情况，并提前给孩子设定界限。如在公园玩滑梯前，要告诉孩子不许抢，要排队。

出门前，爸爸可提醒孩子带喜欢的玩具，以便让他在公园中遇到小朋友时，交换着玩。也可带两个相似的玩具，他自己玩一个，让其他的小朋友玩一个。

如果只有一件玩具，有小朋友要玩玩具时，爸爸要告诉孩子："现在轮到别的小朋友玩了，等他玩好了你再玩。我们先做另一个游戏。"

（3）给3岁左右的孩子，立做客与待客规矩

孩子3岁左右时，爸爸要教孩子学会做客的规矩。例如，去别人家做客时，要问主人好，如"阿姨您好！"之后，要好好地坐在沙发上，不许乱跑，也不许乱动人家的东西。如果不小心碰了主人家的东西，要说"对不起"。

家里来客人时，要问客人好，如"叔叔您好"，"叔叔请进"等。同时，不要乱动客人的东西，客人给自己带礼物要说"谢谢"，父母与客人聊天时，不许随便插嘴。

（4）给4岁左右的孩子，立着装规矩

孩子4岁左右时，爸爸要给孩子立一些着装的规矩，例如，出门时不许穿

拖鞋与睡衣，要穿正装、有鞋跟的鞋子；身上穿的衣服，一定要保持整洁；不许将头上的帽子弄歪了，要好好戴在头上。同时，爸爸要规定孩子保持良好的坐姿与站姿，坐有坐相，站有站相。

（5）给5岁左右的孩子，立与人相处的规矩

5岁的孩子基本上已上幼儿园了，与社会交往的机会也大大增加，此时，爸爸要多给孩子立一些与人相处的规矩，例如，除非有特别的事需要说明，如想上厕所、身体不舒服或需要求援时，否则不许随便打断别人的话。

当孩子想插嘴时，你应该轻轻提醒他，应该等别人说完后再说话，如果有非说不可的话，要告诉孩子先说“对不起”。

（6）给6岁左右的孩子，立礼貌待客与接打电话的规矩

这个年龄段的孩子大部分都喜欢与人交往，特别喜欢去别人家做客或有客人来家里。因而，爸爸可让孩子学会招待客人，做一个既热情，又非常有规矩的小主人。

爸爸可帮孩子邀请一些小朋友来家里玩，让孩子去洗水果，拿饮料、小椅子等，来招待小朋友。

此外，爸爸也要教会孩子接打电话的规矩。当他接电话时，规定他要先说“你好”。如果电话不是找他的，规定他再问一句：“请问找谁？”当孩子要拨号打电话时，替他念号码，并提醒他这样说：“你好，我是某某。”

人人都喜欢有礼貌的孩子，因而，爸爸要从小给孩子立一些礼仪上的规矩，让孩子学会说礼貌用语；在公共场合，要学会礼让他人，如乘公交车时要给老人让座，乘电梯时要靠一边站着等。

孩子“人来疯”，爸爸如何立规矩

家里有个“人来疯”的孩子让父母很头疼，甚至让爸爸感觉没面子。一般，每当家中来客人时，“人来疯”孩子就像是疯了似的，要么没事找事，要么向父母提无理要求。平时很听话的孩子，在家里来客人时，却变得非常不听话。每当这个时候，父母总恨不得将孩子抓起来狠狠揍一顿，但又碍于家中还有客人，不好意思下手。左也不是，右也不是，让父母特别纠结。

小唐就是其中一员。原因是，每每家中来客人，他的儿子飞飞就像换了一个人似的，一点儿也不听父母的话了。

小唐的儿子飞飞今年5岁了，非常淘气。前几天小唐的同事小王来他家做客，给飞飞带了很多好吃的，有他最爱吃的薯片、巧克力。

飞飞见家中来了客人，而且还给自己带了一大堆吃的，特别兴奋。不仅在客厅与卧室之间跑来跑去，而且还将玩具都搬到了客厅里，向客人显摆。

“飞飞，去你的房间玩！爸爸和叔叔说会儿话！”

“不，我要叔叔陪我一起玩积木！”

“飞飞，去你的房间玩，听见没有？”

“不，我就要在客厅玩！”

见飞飞如此不听话，小唐就板起脸，瞪着他。飞飞见爸爸要生气了，立马安静了下来。可没过几分钟，他又开始闹腾了。他打开电视机，玩起了遥控器，不停地换台。他见爸爸和叔叔没理他，故意把电视的声音调得很大，还在沙发上爬来爬去，甚至跳到小王的背上，让他背他。小唐见飞飞吵个不停，就一把把他拽起来，想把他关到自己的房间里去，可没想到他刚拽上飞飞的手臂，飞飞就“哇”的一声哭了起来。

“让孩子在这儿玩吧，没事的！飞飞，来，叔叔陪你一起玩积木，好不好？”

……

看着破涕而笑的飞飞，小唐是一脸的无奈。

家里来了客人，孩子就成了“人来疯”，什么话都不听了。相信很多父母都有类似于小唐的经历，特别是当客人夸孩子聪明或懂事时，孩子便表现得很兴奋。如比平常爱说笑，说话声音比平时大，爱冲客人做鬼脸等，也有的孩子会缠着客人给自己讲故事。如果父母加以阻止，孩子就会情绪失控，大哭大闹让父母十分难堪。

其实，2～7岁的儿童，“人来疯”的现象时有发生。如果家中有个“人来疯”的孩子，父母不必太过紧张。因为你的孩子“人来疯”，这说明他不认生，有利于促进他人际交往能力的提高。如果你真的很想纠正孩子这种“人来疯”的不礼貌行为，最好先了解清楚孩子“人来疯”的原因。

一般来说，孩子“人来疯”无外乎这几种：

（1）想得到他人的肯定与赞赏

在这个年龄段，孩子的自我意识较强，凡事以自我为中心，因而，常常从自己的需要和角度来思考问题，不容易从他人的角度思考问题。

这个阶段的孩子非常渴望得到别人的肯定和注意，但不会考虑他人的感受与需要。如果客体，如客人，对自己有肯定或赞赏的评价，孩子就会非常兴奋，而且不会考虑自己兴奋的表现，是否会对他人造成负面的影响，当然，他也不会考虑自己这样做是否会破坏规矩。

之所以如此，是由于在这个年龄段，孩子虽然已具有初步的主客体区分能力，但是自我的认定主要还是来源于客体，特别是成人的评价和肯定。因而，他会设法吸引他人的注意，甚至不惜破坏父母规定的家中来客人要听话的规矩，以求得到别人的肯定与表扬。

（2）自我控制力差

很多孩子之所以“人来疯”，在家中有客人时，不易安静下来，或不听大人的话，是由于这个年龄段的孩子，其神经系统的抑制功能还没有发育完全，所以，只要他一兴奋起来，就难以在短时间内平静下来，而同时又由于他的自我控制能力较差，因而，他的不良行为与不听话行为就会时有发生，如家里有客人时，爸爸提醒孩子进自己的房间玩，但孩子根本就不想去房间，而是待在客厅做自己正在做的事情。

（3）受父母情绪的影响

通常，家中来客人时，父母的情绪会比较兴奋，这可能对心理敏感的孩子是一个很强的刺激。当客人表扬孩子时，如果父母表现得很高兴，孩子往往就能敏感地感受到这种情绪的变化，也因此会变得越发得意，变身为“人来疯”。

因此，要想让“人来疯”的孩子变得听话、有礼貌、有规矩一些，在家里来客人时，爸爸一定要先满足孩子合理的需要，帮助孩子完成从前台到后台的转换。

如何满足孩子合理的要求，比如，满足想当主角的孩子的哪些需要呢？最好的方法是让孩子过一把主角瘾，满足孩子的表现欲，并给孩子讲明他需要到后台的原因，当然要让孩子离开前，给孩子明确的提示。同时，也要重视给孩子立礼仪规矩。

（1）给孩子制定礼仪规矩

在客人没有到来前，爸爸就要让孩子知道在不同的时间应该扮演不同的角色，同时，要给孩子制定一些“文明待客”的基本礼仪规矩，如问孩子：“你知道客人来了，应该如何做吗？”或“你觉得让客人坐在哪里比较好？”可以说，让孩子了解客人来访时应守的规矩，就能引导孩子慢慢地学会如何礼貌待客。

（2）让孩子过一把主角瘾

家中有客人来访时，爸爸可以先让孩子参与接待客人的工作，从而让他过一把主角瘾，比如，可以让孩子站在门口迎客人，客人来了后，可以让孩子端上水果，或给客人拿手巾擦手，这样，爸爸或妈妈既能多了一个小帮手，又不致使孩子因闲着没事做，瞎捣乱。这样的次数多了，孩子自然就会知道，家里有客人来访时自己该怎么做，该扮演什么角色了。

（3）满足孩子的表现欲

如果你的孩子表现欲强，在客人到来后，爸爸一定要注意给孩子提供一些表演的机会，如让孩子给客人们背诵一首唐诗或者让孩子弹一曲钢琴，然后提醒孩子应该走了，如此给孩子一个明确的提示，帮助孩子完成角色的转换。例如，当孩子背完《咏鹅》后，父母可以说："很好，下次我们再学一首有关鸭子的唐诗背给叔叔听，好吗？"如此提示孩子，是在肯定孩子表现的同时，也暗示孩子今天的表演差不多就到这里了。

（4）明确提示孩子要离开

当父母与客人聊天时，一些孩子之所以不想离开，一是没有过足主角瘾，二是父母没有给孩子明确的提示。

当爸爸要孩子离开前，应该明确地告诉孩子，他为什么要离开。如果需要孩子离开，你一定要明确地告诉他，你可以这样说："现在呢，叔叔要和爸爸说一些事情，你让妈妈给你讲故事好吗？"需要注意的是，此时最好不要马上让孩子单独待着，因为反差太大，孩子会难以接受。

可以说，家里有一个"人来疯"并不是一件坏事，不过，如果家里有一个这样的孩子，爸爸感觉头疼的话，要先搞清楚孩子"人来疯"的原因。因为只有这样，才能想出相应的对策帮助孩子完成角色转换，才能让你的孩子表现得既有规矩，又不失活泼，更重要的是，在孩子与客人适当的交流中，在孩子适当地表现自我时，其人际交往能力也能得到提升与发展。

给孩子立吃饭的规矩

在我们身边，很多孩子连吃饭都让父母操心，不仅吃饭前要父母叫了一次又一次才肯来到餐桌前，而且吃饭时也是一点规矩都没有，不是吃相不好，就是吃饭时饭粒掉得到处都是，或者挑食，或者一边玩一边吃饭，如果你的孩子也如此，那就要好好跟孩子讲下餐桌的规矩与礼仪了。

我曾经去一些美国朋友家做客，对美国孩子的餐桌礼仪深有感触。这些孩子之所以这么懂礼仪，是跟父母的培养分不开的。

通常美国孩子的父母会在孩子2岁时，就开始让他学习用餐礼仪。相反，中国的很多父母却越来越不注重对孩子进行用餐礼仪的培养，结果导致孩子在吃饭时越来越没规矩。

如果你问阳阳爸爸：让他最心烦的事是什么呢？他肯定会告诉你是儿子吃饭的事。因为每次吃饭都像一场战争。

每次，他都要叫上好多遍，直到快忍不下去要发火了，阳阳才会不情不愿地放下手中的玩具，坐到饭桌前。而吃饭的时候，他也总要一边看电视一边吃饭，或是吃两口玩两下玩具，结果，由于不专心吃饭，他将饭粒撒得到处都是，这一点不说，他还挑三拣四，吃饭特慢，一餐饭甚至要吃上一个多小时。

阳阳爸爸曾给他立过吃饭规矩：吃饭的时候不能离开桌子。但无论阳阳爸爸如何苦口婆心说他，他都是我行我素，吃饭时一点规矩都没有。

可以说，在生活中，像阳阳这样不好好吃饭的孩子有很多。之所以如此，是由于很多父母不重视给孩子立规矩，特别是在吃饭的问题上，总觉得孩子想吃就吃，不想吃就不吃，反正不吃饭还可以吃零食，饿不着。即使孩子吃饭时不爱坐在桌前，喜欢到处跑，父母也认为是正常的，毕竟孩子还小嘛！也有不少宠爱孩子的父母，则习惯了追着孩子喂饭，让孩子吃一会儿，玩一会儿。时间一长，自然就导致孩子吃饭时一点规矩都没有。

其实，对待不好好吃饭，对待挑食或偏食的孩子，最好的办法就是：没收他的零食，饿着他。别担心会饿坏孩子，因为只要爸爸态度坚决一些，在饿坏之前，孩子就往往会开始乖乖吃饭了。

要想让孩子吃饭时有规矩，就要从小给孩子制定吃饭的规矩，如定时定量，必须在餐桌上吃等。

（1）饭前的规矩

除了规定孩子饭前要洗手外，父母还要严禁孩子饭前吃糖果、巧克力等甜食，特别是饭前两小时内。因为吃饭前吃糖果、巧克力等甜食，容易引起血糖升高，使中枢神经受到抑制。而如果孩子的中枢神经受到抑制，就会没有食欲，自然也就不会好好吃饭了。同时，饭前也不要让孩子做剧烈运动，影响他的食欲，最好的方法是在饭前让孩子帮自己摆餐具、餐巾纸等，做一些简单、不太剧烈的工作或活动。同时，在吃饭前，就要关掉电视，让孩子把玩具暂时收起来。因为孩子边吃边玩或边看电视，既会延长吃饭的时间，甚至造成饮食过量，也会影响餐桌礼仪。

（2）按时吃饭，并坐在饭桌前

这条规矩是给孩子立吃饭的固定时间与地点，而固定开饭的时间和地点能避免孩子吃饭时受到干扰。比如，从小让孩子坐在自己的椅子上吃。要注意的是，要根据孩子的实际情况，给他准备舒适的桌椅和合适的餐具。

如果他们不准时来吃晚饭，那么，在其他人用餐后就没有东西可吃了。在立这个规矩时，一定要讲清楚你的规矩，比如，只从7点到7点半供应晚餐，过了时间，就没吃的了。这也是让孩子自己管理自己。

当他自己有几次饿着肚子上床，或去做其他事情时，他们就知道按时吃饭，什么时候要做什么事情的重要性了。

（3）吃饭时的规矩

吃饭时，一定要让孩子保持安静，不要随便说话；要让孩子明白，饭桌不是玩耍的地方，不能影响别人。同时，要教孩子正确的坐姿，不要歪着、侧着坐。另外，父母还要规定孩子要定量进食，杜绝时而多吃、时而少吃或不吃的不良行为。

此外，到了开饭时间，最好全家人都坐到餐桌前吃饭，营造定点就餐的氛围。同时，也要规定好孩子的就餐时间，不能无限地拖长吃饭时间，给孩子一种紧迫感，让他专心吃饭。

当然，在给孩子制定可行的规矩的同时，也要注意引导，同时，要把重点放在原则性的问题上，不要滥定规矩，强迫孩子去接受一堆“可以做”或“不可以做”的规定。

（1）用故事法给孩子立吃饭的规矩

如果孩子不好好吃饭，父母可以通过讲故事或看动画片的形式来教育孩子。这比简单的命令要更有效。因为通过故事、动画片等途径，更易让孩子明白：要想身体健康、要想长得高高的，就得好好吃饭。如果他能意识到好好吃饭的重要性，自然就会好好吃饭。

（2）要就事论事，别轻易给孩子贴标签

很多父母一见到孩子不好好吃饭，就开始发脾气："你怎么这么烦人，吃个饭还要人操心！"父母不知道，自己的这些话会给孩子带来消极的心理暗示，从而丧失好好吃饭的信心。"我也只能这样了，那还有什么要改的呢？"

（3）不要以成年人的行为准则来规范约束孩子

由于孩子的能力有限，各方面的技能正处于发展期，所以，千万不要以成年人吃饭的速度与标准来要求孩子，不要指望孩子与你吃饭的速度一样快，不要指望孩子将碗中的饭吃得一粒不剩。父母一定要切记这一点。此外，在给孩子立吃饭规矩的过程中，要少责骂多鼓励，只要孩子取得一点点进步，即使是吃饭的速度快了一点点，剩的饭菜少了一点点，也要加以表扬，鼓励他坚持下去。

（4）设法让家人支持自己

给孩子立吃饭规矩时，除了制定的规矩要合理以外，还要得到家人的支持，特别是家中老人的支持。有时候，说服老人来支持你饿孩子很不容易，因为这些老人小时候就常常挨饿，所以说服他们格外不易。

（5）要对孩子实行“双规”

如果取得了家中老人的支持，接下来，爸爸就要考虑好细节问题，比如，怎样把规矩和要求给孩子讲清楚，怎样控制好自己的情绪等。事实上，给孩子立吃饭规矩，在吃饭时，你要对孩子实行“双规”：在规定的时间，用规定的方式就餐。

爸爸在给孩子立吃饭规矩时，可以对孩子说：“你可以选择，要么这样吃饭，要么就没得吃。如果你现在不吃，那就要等下一顿饭时才有得吃。”

如果孩子选择不吃饭，你也不要生气，别大声训斥他，但一定要说到做到。如果中间孩子说饿了，想吃东西时，你可以嘴软但不能心软。你可以说：“我明白，你肚子饿是因为没有吃饭，我也很同情你，但这是规定，我也没有办法。不如我们看看还有几小时就可以吃饭了吧。”

（6）不能奚落孩子

当孩子因不好好吃饭而挨饿时，爸爸需要注意的是，这时候千万不能奚落孩子：“谁让你不吃饭的，这下知道厉害了吧，下次还听不听话啊。”因为奚落孩子，只会激发孩子和你对立的情绪，这对给孩子立规矩没有任何帮助。见到孩子服软，便一面训斥，一面给食，既体现不出你对他的爱，也会破坏你定下的规矩。

（7）爸爸要好好吃饭

给孩子立规矩，爸爸要言传身教，爸爸给孩子立吃饭规矩时，一定要做孩子的好榜样。吃饭时，一定要同孩子一样安静地坐在餐桌前吃饭，不要在电脑桌前一边看电脑上的信息一边吃饭，或一边与人聊天一边吃饭。

再比如，你给不吃青菜的孩子立不挑食的规矩，你每次吃饭时，吃青菜都吃得津津有味，让他看着眼馋。或许，他就会对青菜感兴趣，甚至会主动要求吃一些。

要知道，给孩子立规矩，自己一定要坚守规矩。否则，就会像下文中的明明爸爸那样，让孩子难以守规矩。

明明最爱吃冰激凌了，每天从幼儿园回家，他都要先吃冰激凌。可吃完了冰激凌，他就不爱吃饭了。

为了让明明多吃饭，爸爸规定，他每天只能吃一个冰激凌。刚开始明明还能严格遵守规定，每天只吃一个冰激凌。但过了几天，明明却非要吃第二个，并且理直气壮："你自己刚才都吃了第二个冰激凌了，为什么我就不能吃第二个呢？"爸爸被他说得哑口无言，从那以后，他也不再提"每天只能吃一个冰激凌"这件事了。当然，此后明明每天吃饭时，也总不能好好吃。

爸爸为明明制定了每天只能吃一个冰激凌的规矩，但自己却在无意间破坏了这个规矩，这也给明明树立了破坏规矩的坏榜样。由此可见，如果爸爸为孩子制定了规矩，自己就不能犯错误，带头去破坏这个规矩，否则，这个规矩也就形同虚设，没什么约束作用了。如果你想做一个好爸爸，想让自己的孩子吃有吃相，守餐桌规矩，你自己就先要守规矩，否则，你也就难以管住你的孩子。

给孩子立不能说谎的规矩

可以说，人人都喜欢诚实的孩子，可在我们身边，有一些孩子却总喜欢说谎。对于说谎的孩子，刚开始有的父母可能还会觉得非常有趣、好玩，可时间一长，就该头疼了。因为说谎是一种不良行为，最重要的是，一旦形成习惯，就很难纠正。要想让孩子远离说谎的不良行为，爸爸们就必须给孩子立不许说谎的规矩，并做好长期努力的准备与打算，设法让孩子守规矩。

所谓说谎，是指在日常生活中，孩子不说真话或不说事情真相的一种行为。在孩子小时候，他们说谎的目的不是恶意地欺骗他人，而是为满足自己的某种需求，或拒绝承担应该担负的责任，或逃避惩罚。当然，也有一些孩子是想象性的说谎。从儿童成长的特点来看，说谎是孩子成长过程中的一个正常现象，但如果形成习惯，却是一种危害极大的不良行为，因此父母必须帮孩子纠正这种不良行为，为此，爸爸必须帮孩子立规矩。

晚上程成打开冰箱，发现今天刚买的十个冰激凌少了两个。他怕儿子明明贪吃，吃多了引起胃肠不适，因而规定他每天只能吃一个冰激凌。看来，这孩子嘴馋，又多偷吃了一个。

“明明，你又拿冰激凌吃了吗？”程成问正在客厅玩玩具枪的明明。

“我没拿！”

“那怎么少了一个？你一天只能吃一个，按理说冰箱中还有九个，少了的那个是爸爸吃的，还是小花猫吃的？”

“是小花猫吧。”

“可小花猫怎么能打开冰箱呢？”

“这……”

面对爸爸的责问，明明的脸唰的一下就红了。

发现孩子爱说谎，一般爸爸都会非常生气，因为他们不理解孩子为什么爱说谎。事实上，在孩子的成长过程中，说谎是一种很正常的现象。只是爸爸绝不能放任孩子的这种行为，对其无动于衷，而要认真对待。如果孩子只是偶尔说谎，可对孩子做冷处理，但如果发现孩子经常说谎，通常就要给孩子立不许说谎的规矩了。

当然，要想成功地给孩子立不许说谎的规矩，就要先找到孩子说谎的原因。心理学家研究表明，撒谎儿童最有可能来自父母有此行为的家庭。这意味着父母说话不算数，极有可能被孩子效仿。

通常，父母一方中有人经常说谎，孩子也就有可能爱说谎。在生活中，有很多父母经常对孩子“说谎”，明明答应了孩子要做的事情，却总是做不到。例如，说好星期六带孩子去游乐场，可因为临时要加班，只能取消约定。

或许，遇到加班不能陪孩子，做父母的也很无奈，可孩子却不管这么多，他会认为父母说话不算数。如果父母总让这种事发生，孩子就会认为父母一直在说谎，再也不相信父母说的话了。所以，发现小孩爱撒谎，做爸爸的首先应反省一下，看自己是否说到做到了。

除此之外，小孩爱说谎还有很多原因。

（1）为了逃避自己应负的责任

当孩子不想做某事，不想做某一工作，不想学习，可又不敢向父母，特别是向爸爸提出不同意见时，可能就会用谎言来蒙混过关。例如，早晨该上幼儿园了，可贝贝却不想去，就对爸爸说："爸爸，我头疼……"

孩子之所以如此，可能是由于爸爸平时管教太严格。

（2）想象太丰富

由于小孩子的认知能力和思维能力均未发育完善，分不清事情的真伪，小孩子，特别是5岁左右的孩子想象力尤为丰富，富于幻想，常常将幻想与现实掺和在一起，甚至夸大事实，说一些在别人眼里完全不可能的事，在他人看来，孩子就在说谎。

（3）记忆力差

由于孩子的记忆力和语言能力发展不成熟，很难记清楚、很难将发生的事情表述清楚，在成年人看来，可能就会认为这孩子在说谎。如妈妈问孩子昨天为什么不关灯，可孩子却记得自己关了，于是就会说："我关了。"

（4）好强心理作怪

很多孩子有好强心理，喜欢争强好胜，如问他和比他高大的小哥哥打球，谁赢了？即使他明明输了，却非要说自己赢了，很显然，这就是孩子受好强心理的驱使才说谎的。

在找出孩子说谎的原因后，爸爸就要根据实际情况，采用一些比较有效的小妙方，来给孩子立不许说谎的规矩。

（1）爸爸要以身作则

爸爸要给孩子立不许说谎的规矩，首先要以身作则，做到不说谎。如果遇到特别情况，例如答应陪孩子，公司要临时加班的话，一定要向孩子仔细说明原因，这样才能既不让孩子在心理上受到伤害，感到遗憾，还能让孩子明白父母是真的有事，不是故意失信，给孩子树立说谎的坏形象。

（2）要用事实说话

孩子说谎后一般都不会承认自己说过谎。所以，爸爸给孩子立下规矩后，如果发现孩子说谎，就要直接指出孩子说谎的事实，特别是父母单独与孩子在一起时，要直接指出事实，不要跟他绕圈子。爸爸可如此说："我很失望，你没有经过我们的同意，就把饼干吃了。那可是我们买给妹妹的。"而不要迂回地问："你有没有吃放在柜子里的饼干？"

（3）多用微语言提醒孩子

发现孩子说谎，如果现场人多，爸爸不必当众点破，可表情严肃地看着孩子，以此暗示孩子，你说的不是实话。这也能给孩子留有面子，不会伤害他的自尊心。通常，孩子的自尊心受到伤害后，最容易破罐子破摔，不守规矩。

在给孩子立不许说谎的规矩时，爸爸千万要注意，不要简单、粗暴地对待孩子破坏规矩的行为，更不能给孩子贴上不良的标签，不能对孩子说"老说谎，怎么说也改不了，你真是没救了"之类的话。因为这会让孩子产生自卑心理，容易让孩子给自己贴上"我爱说谎"的标签，真的养成爱说谎的坏习惯。

给乱买东西的孩子，立花钱规矩

一般来说，小孩子的自制力较差，一进商场或超市，很多孩子就吵着闹着要买东西。可等到将这些买来的东西拿回家，他又不喜欢了，将这些东西随意地丢在一边。让父母纠结的是，等到下次再进商场和超市，他还是吵着、闹着要买很多东西，不给他买还不行，结果就造成了很大的浪费。

孩子爱乱买东西，与家人对孩子百般宠爱有关，如果父母不设法改变孩子的这种不良行为，既会影响孩子以后的理财能力，又会让孩子形成不良习惯，如爱买一些垃圾食品或没用的玩具。对此，父母可不能听之任之，特别是爸爸们，一定要设法给孩子立规矩。

早晨，李小海送儿子小西去上学，将儿子放到学校门口，李小海刚转身要走，儿子却张口要钱。

"爸爸，给我10元钱！我要买作业本！"

"你妈妈昨天不是刚给了你10元吗？怎么一天就花完了？你都买什么了？"

"我买了玩具枪、棒棒糖、泡泡糖、汽水……"

"你怎么买了这么一堆没用的东西。你这孩子，就不知道省点花！"

"爸爸，快点给我钱啊，我快要迟到了！"

"你当我是银行啊？"虽然李小海口中这么说，但还是递给孩子10元钱，“给，省着点花！”

“啰唆！”

“你这孩子，气死人了！你知不知道，为了让你吃好喝好，我连电动车都舍不得换新的……”

李小海还在抱怨，可小西一接到钱就马上跑远了，李小海只好骑着他那辆早就该换的破电动车去上班。

中午，李小海跟同事聊起了儿子乱花钱的习惯，同事的女儿跟他的儿子年纪差不多，他对李小海的感受深有体会。

“哎，我家女儿以前也爱乱花钱，特别喜欢乱买东西。每次接她上下学的时候，看到学校门口小摊上各种各样的零食和玩具，她就不走了，非要买点啥，不给买就哭。而且我女儿还特别喜欢‘跟风’，看到别的小朋友有什么新玩具，就非要跟着买，真是拿她一点办法都没有。”

“现在呢？”

“自从给她立了不许乱花钱的规矩后，她就慢慢改掉了乱花钱的坏习惯。”说着同事就把自己的经验告诉了李小海。

同事是如何给孩子立不许乱花钱、乱买东西的规矩的呢？其实很简单，就是利用奖罚规则。同事每周给孩子50元零花钱，给孩子吃早点或买水喝，并规定孩子必须记账，也就是要列一张清单：一周之内，孩子每餐早点都买了什么东西，每样东西多少钱，除此之外，还买了什么东西，都要记得清清楚楚。

可以说，每天孩子吃早点、买水的费用是正常开支，其他支出则是乱买东西。如果发现孩子乱买东西，下个星期发放零用钱时，要将零用钱的数目相应减少。反之，如果孩子没乱花钱，可在下次给孩子零花钱时，多给一点当作鼓励。

通常，大部分孩子因担心零用钱减少，就不敢乱花钱买东西了，时间一长，他乱买东西的坏习惯也就没有了。

除了用记账法与奖励法给孩子立不许乱花钱、乱买东西的规矩外，父母还可采用以下方法应对：

（1）学会拒绝孩子的无理要求

面对孩子，很多父母不好意思或不忍说“不”。看到孩子乱花钱，生气归生气，不满归不满，当孩子再要零花钱时，还是会照给。如果爸爸想成功地给孩子立不乱花钱、乱买东西的规矩，那么，就要学会适时说“不”，并清楚地告诉孩子自己为什么不答应。相信只要有合理的理由，孩子必然不会无理取闹的。

（2）立下规矩不能打破

在超市或商场里，如果孩子抱着一件玩具不松手，被父母强行放回后，孩子立刻就会大哭起来；在学校边的小摊上，如果父母拒绝给孩子零钱买零食或玩具，孩子立马也会拉着脸不高兴，甚至大哭大闹。诸如此类的尴尬场面，相信很多父母都经历过或者正在经历着。面对孩子的执拗，你千万不能心软，要知道，一味迁就只会引来孩子更多次的大哭大闹。何况你给孩子立了不许乱花钱的规矩后，就一定要坚持守规矩。爸爸不能先打破规矩，即使孩子再大哭大闹，你也要守住规矩。

（3）家人之间意见要统一

给孩子立不许乱花钱、乱买东西的规矩，大多数孩子的爷爷奶奶都会配合爸爸，坚守这个规矩，但也有一些孩子的爷爷奶奶会认为做爸爸的小气，会跟他们唱反调，如带孩子去超市前，妈妈只承诺给孩子买一个玩具。可是到了超市以后，孩子挑了玩具枪，可还想要买布娃娃。此时，爸爸当然会坚决拒绝孩子的无理要求，对孩子说“不”。可如果奶奶在一旁说“奶奶给你买”，那这肯定会破坏立下的不许孩子乱花钱、乱买东西的规矩。所以，要想给孩子立规矩，爸爸们事先一定要跟家人统一意见。

（4）零用钱要让孩子自己挣

给孩子立不许花钱的规矩，爸爸除了定期给孩子一些零用钱外，要鼓励孩子自己“挣钱”。如让孩子做一些简单的劳动，然后给孩子支付“工资”。通过做简单的家务劳动来“挣钱”，能让孩子体会到挣钱的不易，珍惜自己的劳动成果，此时，你再提醒孩子不要乱花钱，相信他也能比较容易接受这个理念，进而开始守不乱花钱、乱买东西的规矩。

（5）后果体验法

如果父母给孩子一笔零用钱，常常是孩子不到规定的时间，就把钱花完了。其实，爸爸需要设法让孩子明白：只要一笔钱用光了，不会再有。因为钱是有限的。

让他学习这方面的最佳方法就是——亲身体验金钱的有限，即让孩子管理并要求他在一定的限制与规则内用钱。

当然，爸爸也可以如此教导，你可以说：“如果还没到月底就花光了钱，出门买不到想要的东西，真的让人很不爽！”

给孩子立不乱花钱、乱买东西的规矩，爸爸要多管齐下，要先找出孩子买东西的动机，从而对症下药。同时，也要采用一些妙方，给孩子设定一些具体的花钱规则，以帮孩子改掉乱花钱、乱买东西的不良习惯，从而成功地给孩子立花钱规矩。

如何给“乱说话”的孩子立规矩（1）

在孩子成长的过程中，特别是在孩子的语言发展时期，很多父母会发现，自己的孩子总爱打断别人的话，而自己说个不停，还会说脏话或说大话。对此父母十分头痛。事实上，对正在成长中的孩子来说，这都是正常现象，对此父母不必大惊小怪，特别是爸爸们，一定要淡定，而且要设法给孩子立说话的规矩，这样，就能让孩子明白，什么话不应该说，什么时候要少说话，什么时候不应该说话。

可以说，孩子偶尔说脏话或大话，是没什么的。但如果总这样，就是一种不良行为，特别是说脏话，是一种攻击性行为。这些不良行为在小孩子身上很常见，如果发现自家孩子有这类不良行为，很多爸爸会非常头疼。

小艺是一家幼儿园的老师，平时工作很忙，只好将4岁多的女儿丽丽交由母亲照顾。这天，小艺休息，就自己带孩子，正巧姐姐也带着女儿巧巧来家里玩。小艺就让两个孩子在客厅玩，自己与姐姐在厨房一边聊天，一边做饭。

厨房与客厅离得很近，两个孩子在做什么、说什么，她与姐姐都能看到、听到。突然，小艺听到女儿对巧巧说：“笨死了，你脑残啊？这么简单的魔方都玩不好！”

“妈妈，丽丽姐骂人！”

“讨厌！我没有！”

“丽丽，你说的话我都听到了，本来你就是骂人了，怎么还不承认！”

“可军军也总说我脑残啊。”

军军是丽丽幼儿园的小朋友，两人常在一起玩，看来丽丽骂人是在模仿军军。弄清楚了原因，小艺便拉着丽丽的手，语重心长地对她说：“丽丽，说别人脑残、笨，都是骂人的话，以后不许说了，也要告诉军军不能说，好吗？”

“嗯，好的。”

说脏话，也就是我们俗话说的骂人，可以说，这在小孩子中是十分常见的现象。现在，我们来分析一下孩子说脏话的原因。

（1）负面模仿父母

可以说，孩子有不良行为，或不守规矩，很多时候与父母有关系。在快节奏的生活下，很多父母对待孩子的方式总是很简单、粗暴，如果孩子不小心做了错事，父母对孩子要么是吼骂，要么是暴打，很少跟孩子讲道理，让他明白自己错在哪儿。这样就容易给孩子带来负面影响，孩子也就会因为喜欢负面的模仿而变得爱说脏话。

（2）发泄不良情绪

很多孩子有不良情绪，如生气时，爱骂人，说脏话。此时，孩子就是有意识地说脏话。可以说，每个人都会有不良情绪，孩子也同样如此，但与成人不同的是，孩子的语言表达能力比较差，有了不良情绪后，他往往不知道该怎样发泄这些情绪，于是，就有可能骂人，用这种方式来发泄心中的不满。如孩子跟妈妈一起逛商场，看中了一条漂亮的裙子，但妈妈却不给她买，她可能一生气就会骂妈妈。

（3）遭遇规则的约束

随着年龄的增大，孩子受到越来越多规则的约束，如以前看电视时，爸爸或妈妈不会管，想看到什么时候就看到什么时候，但上了幼儿园后，爸爸或妈妈就会给孩子立规矩，规定他晚上9点睡觉，到时就要关电视。这时候，孩子可能就会有不良情绪，可能会“恼羞成怒”，并因此用自己知道的最恶毒的语言来攻击父母。

可以说，孩子爱说脏话的原因有很多，那么孩子为何爱插嘴呢？多是因为孩子的好奇心强，可控制力又差。通常，当他对别人的讲话内容感兴趣时，就有可能通过插话这种方式，来寻找“疑问”的答案。

此外，还有一个原因，就是随着孩子的自我意识不断发展，他们的自信心和自尊心也会逐渐加强，如何表达他们的自信心和自尊心呢？插话就是一种表达方式。所以，当他人说他感兴趣的话题，或他想表达一下自己时，他就爱插嘴。

当然，有些孩子性子急，做事缺少耐性，听到别人说某事时，急于表达自己的不同看法或意见，所以，等不到别人说完就插嘴了。这也是孩子爱插嘴的原因。

而孩子爱说大话，也是出于各种各样的原因。但不管是出于什么原因，只要发现孩子爱说大话、爱插话、说脏话，父母都必须帮其改正。因为这些都是不良行为。而在这些不良行为中，说脏话最为常见，最为严重。

有一次，我去一个多年不见的老同学家做客，同学有两个孩子，大的7岁，小的4岁。我跟老同学在客厅里聊天，他的两个孩子在屋里玩，不一会儿，两个孩子就因为玩游戏发生争执，其中一个骂道：“滚，一边去！”另一孩子也不甘示弱地回敬道：“傻瓜，大笨蛋！我就不滚！看你能怎么着！”

听到两个孩子如此对骂，谁也不让谁，我的这位老同学立马勃然大怒。他冲进屋里，开始教训两个孩子，张口就说：“你们两个丢人现眼的东西，都给我闭嘴！没见家里有客人吗？不懂事的家伙，再骂人打死你们！”

两个孩子听了立马低下了头，没有一个敢说话了，可两个孩子嘟着嘴，他们的表情说明：他们都很不服气，但不得不低头。

孩子骂人，爸爸狠狠地训斥孩子，孩子于是就不说话了。孩子表面上怕了爸爸，不再说脏话，但实际上呢？我认为，孩子不一定会改变说脏话的不良行为。

在生活中，很多父母在听到孩子骂人后，不是打骂，就是父母之间互相责怪：是谁教坏孩子的。无疑，这些做法都是不对的。要想让孩子真正地改变说脏话、大话等不良行为，孩子的爸妈，特别是爸爸一定要给孩子立相关的规矩。

如何给“乱说话”的孩子立规矩（2）

很多爸爸发现孩子说脏话后，想给孩子立规矩，可却不知该如何给孩子立规矩。

一个朋友在发现孩子骂人后，给他立下不许说脏话的规矩，并一而再地提醒他：不许说脏话。可让他郁闷的是，过了一段时间，他发现孩子还是在说脏话，而且不断地学说新的脏话。可见，朋友给孩子立的说话规矩完全无效。

但一次失败，不等于永远失败。我建议朋友换一种方式给孩子立规矩，那就是冷处理。因为孩子还小，他还不能理解脏话的真正含义，而训斥或打骂反而会强化他对脏话的印象，可能让他以后会说更多的脏话。

当他说脏话的时候，还不如不要理他，保持沉默，让他一个人待着，这样，孩子就会意识到说脏话并不好玩，效果有可能会更好。

最重要的是，你不理他，还可以让他感受到家人的异样。如只要他一骂人，全家人就都不要理他，不理会他一个多小时。这样做，是要让孩子明白：人们不喜欢骂人的孩子。在这个过程中，孩子可能会大哭大闹，当他的情绪稳定以后，可以抱抱孩子，并告诉他：“如果你再骂人，永远不会有人喜欢你。”

朋友采纳了我的建议，一个月后，他告诉我，他的孩子很少再骂人，说

脏话了。

朋友终于成功地给孩子立了不许骂人的规矩。尽管这成功来之不易，还是说明了一点：用冷处理法给孩子立规矩，是比较给力的，尽管这个法子不能起到立竿见影的功效。

冷处理法会让孩子意识到，说脏话并不好玩，这样，他就不会因为好奇或好玩，而激起说脏话的兴趣，也就能淡化他说脏话的不良行为，时间长了，他自然也就不爱说脏话了。

爸爸在给孩子立说话规矩时，除了用冷处理法外，还可参考以下妙方。

（1）明文规定：不许说脏话或大话

如果家有乱说话的孩子，爸爸应该给他立规矩，应该明文规定："不许说大话、脏话，或老是打断他人说话。"如果发现孩子的语言有不妥之处，父母要严肃地对他说："这句话我不能接受，换个词再说一遍！"这样做就能慢慢地让孩子知道哪些话该说，哪些话不该说。

（2）多用肢体语言提醒犯规的孩子改过

在给孩子立下说话的规矩后，如果发现孩子乱说话，特别是在公共场合说脏话、大话或打断他人说话时，爸爸可以用异样的眼光盯着他，神情严肃地直视着他，直到他不说为止，以此来暗示他这样做是不应该的，他也就会因不好意思而停止说脏话，或老打断他人说话。

（3）引导胜于打骂

要想成功地给孩子立说话的规矩，爸爸一定要先找出孩子爱说脏话、大话或打断他人说话的原因。如有的孩子是为发泄不良情绪或喜爱表现自己，如果孩子出于这种原因，说大话、脏话，爱打断他人的话，爸爸要对孩子进行引导，而非强制他不乱说话。

如孩子骂其他小朋友，是孩子与小朋友发生了矛盾，孩子为此十分生气，之后，他借骂人来发泄自己的不满。此时，爸爸不要一味地批评孩子不懂事，而是要教孩子一些处理与他人摩擦的技巧。与小朋友吵闹时，可以教孩子这样说："我想安静一会儿可以吗？"而不是教他说："滚开！"

（4）给孩子立规矩后，父母要好好说话

在给孩子立了规矩后，父母一定要注意自己的说话与沟通方式，自己不能说脏话、大话，如有急事需要插话时也要说："对不起，我可以说一句话吗？"

要让孩子会说话，父母自己就要对所有的人——包括自己的孩子以及其他所有的孩子——使用文明用语。爸爸与妈妈要用实际行动教孩子守说话的规矩。

同时，爸爸要让孩子多听悦耳的音乐，多读朗朗上口的儿歌以及娓娓动听的童话、故事等，为孩子提供一个良好的语言环境，让他积极地去模仿和练习，时间长了必然能改掉说脏话、大话的陋习。

（5）模仿疗法

模仿疗法，又叫示范法，指通过观察别人的行为，学习和获得良好行为，减少和消除不良行为的一种矫正方法，适用于年龄较大的孩子。

爸爸可以让自己的孩子多接触那些不说脏话、大话或不爱插嘴的孩子，或者让孩子看一些语言优美的电视剧，之后，让孩子积极进行行为模仿。

此外，家中来客人时，爸爸可让孩子与客人打招呼。如果孩子对人说话很有礼貌，爸爸就要及时给予表扬，而如果爸爸不想让孩子插嘴，就可把孩子安排到另外的房间，如果让他待在身边，也尽量给他找些事做，比如看漫画书或玩玩具。

良好的沟通能力有利于孩子人际交往能力的发展，所以，爸爸一定要从小给孩子立说话规矩，以此来培养和提升孩子的语言沟通能力。在给孩子立说话规矩时，爸爸切忌态度粗暴，特别是孩子犯规时，爸爸不要粗鲁地让孩子闭嘴，而是要尽可能地运用冷处理、模仿疗法等，尽快地帮孩子成功地立好说话的规矩。

给不好好写作业的孩子，立学习规矩

很多孩子上小学一年级后，都不能按时完成老师布置的作业。每天放学后，都把作业抛在脑后，只顾着玩，即便是想起要写作业，注意力也难以集中，不是玩这玩那，就是干脆坐着发呆，结果作业总是不能按时完成。对不爱写作业的孩子，爸爸最好给他立按时完成作业的规矩。

北北6岁半了，已经是北京市丰台区某小学一年级的学生了！北北个性活泼热情，在学校，非常乐于帮助同学，不过，他有一个缺点，让父母揪心：他每天不按时写作业，作业总是一拖再拖。

父母如果盯着他做作业还好，如果不盯着，让他单独写作业，那他每天都要到晚上11点多才能完成，而邻居家与他同班的孩子，每天晚上8点半左右就把作业写完了。

这天北北一放学，妈妈就去接他回家。到家后，妈妈对北北说："先写作业，不许玩！"

"嗯！"

见北北痛快地答应了，妈妈就放心地去洗衣服。结果半小时后，妈妈的衣服洗完了，北北的作业本还是一片空白。他一直在玩橡皮泥！

"北北，别玩了，快做作业！"

“知道了，马上就做。”

北北又一次满口答应，于是妈妈就去做饭了。做饭期间，妈妈有点不放心，去书房看了一眼，北北果然没在好好写作业，他在玩铅笔。见此，妈妈又催了他一次。一小时后，妈妈的饭做好了，可北北的作业还没写完一半……

无奈之下，北北爸爸只好陪他写作业，让妈妈先休息去。结果，这天晚上，等北北写完作业，洗漱完毕，上床睡觉时，已近12点了。

而类似这样的事，发生了不止一次。为此，北北爸爸也抱怨：自己的孩子怎么这么不爱学习！

很多父母总爱抱怨：为什么孩子不好好写作业，为什么不能按时完成作业？

孩子不爱写作业，不能按时完成作业的原因有很多，如，写作业时注意力不集中，贪玩，爱左顾右盼，磨磨蹭蹭，于是本来一小时就可以写完的作业，却常常花上两三小时都写不完。

面对不能按时完成作业的孩子，很多父母一筹莫展，特别是爸爸们，除了打骂和盯着写作业以外也没有别的办法，可这些做法都难以让孩子改正拖沓的不良习惯。如果爸爸想帮助孩子纠正不按时写作业的不良行为，最聪明、最给力的做法就是从孩子上幼儿园开始，就给他立每天必须好好写作业的规矩。如你可以跟孩子定个规矩，把作业写完了再好好地玩，给他定时间，要求他在约定时间内完成作业，完成不了就什么也不能做。同时，也要立一些其他的学习规矩。

（1）写作业时要专注

很多孩子之所以在写作业时写得很慢，多是由于总是边写边玩，如一边玩玩具，一边写作业；也有些孩子是边写作业，边看电视；还有一些孩子，是边写作业边吃东西，如一会儿吃口点心，一会儿喝口果汁。可以说，孩子写作业的时候注意力不集中、不专心，不仅会影响写作业的速度，也会提升作业的错误率。因此，如果你的孩子不专心写作业，作为爸爸的你，一定要严禁孩子的这些不良行为。

（2）写作业时要认真

很多孩子写作业时，写得非常快，甚至回家后用半小时的时间，就将作业写完了。但这类孩子写作业不认真，写的作业不是字迹潦草，就是错误百出。对这类孩子，爸爸要给孩子立认真写作业的规矩，要规定孩子的作业不能出错，如果写得潦草，就要重写。

（3）给孩子立自己检查作业的规矩

可以说，如果孩子在写作业后检查一下，就会少很多错误。可很多孩子贪玩，写作业后就马上去玩。如果你的孩子也如此，你要给孩子立写完作业后必须检查一次的规矩。这是一个良好的写作业习惯，养成这个习惯，孩子写作业的错误率就会下降。

（4）写完作业要将作业收进书包

做好了作业，很多孩子就跑去一边玩不管作业本了。这样做，很容易在第二天起床后，一些孩子因急于上学，而忘记将作业本放进书包就走了。所以，爸爸一定要给孩子立如此规矩：孩子自己把作业本收好，放进书包里，再把书包放在固定的位置，再去做其他事情。

为了成功地给孩子立写作业的规矩，爸爸们也要用一些技巧来帮孩子执行规矩。

（1）妙用闹钟来给孩子立规矩

为了督促孩子尽快完成作业，很多父母总是一次又一次地催促孩子，但其实这种方法收到的效果却不是很好。遇到这种情况父母不妨转变方法，例如，采用小闹钟来催促孩子及时写作业，按时完成作业。具体做法是：在孩子写作业前先定好闹钟，将闹钟定在孩子完成作业期限前的10分钟。这样，孩子自然会有一种紧迫感，就不用父母总是催促孩子了。

（2）中间休息法

如果孩子每天的作业很多，父母可以把写作业的时间分割成两个或三个阶段，每段时间都不要太长。如将每个时间段分为15或者20分钟，中间给孩子留有休息时间。这种方法不会给孩子造成特别大的压力，可以让他在写作业的过程中保持轻松愉快的心情。

（3）巧用奖励效应

父母先要了解老师给孩子布置的作业量，然后按实际情况给孩子规定必须完成作业的时间。如果孩子按时完成了作业，一定要赞扬他，或进行奖励，如在墙壁上贴一朵小红花。反之，就要进行小小的处罚，取消孩子的某种待遇或特权。

（4）配合“生物钟”法

每个人都有不同的生活规律，这也就是我们常说的“生物钟”。不仅是成人，孩子也如此。所以，父母可以按照孩子的生物钟来给他安排写作业的时间，一般来说早晨6～8点，人的头脑比较清醒，体力比较充沛，记忆力比较好，适合完成背诵类的作业；而晚上6～10点，不利于记忆，则可让孩子做数学题。

（5）让孩子多锻炼

很多孩子写作业慢，表面上看可能是不用心，或者性子慢，但实际上有可能是由于孩子总是坐着写作业，缺乏运动造成的。因为长时间坐着不动会影响孩子的肌肉发育，从而影响孩子写作业的速度。所以，平时爸爸要与孩子一起进行适当的体育锻炼，比如，打球、跳绳、游泳等，这有利于提升孩子小手肌肉的灵活性，而小手肌肉的灵活性直接决定了孩子在书写时的速度。

（6）给孩子提供必要的帮助

爱玩是孩子的天性，同时，孩子记忆力差。所以，有时孩子总是忘记了要写的作业，到临睡前，才想起写作业。为了防止这种情况出现，爸爸给孩子准备个小本子，每天记上都有什么作业，老师签字确认。

（7）时刻分割法

通常，小孩子的注意力是非常短的，注意力持续时间通常为15~20分钟。如果写作业时间长，孩子的大脑会疲惫，学习效率变低，加之作业量大，会感到做作业是非常痛苦的事，孩子因此而写作业拖拖拉拉。

爸爸可以将孩子写作业的时间化整为零，分割成三四段。比如，估量要用1小时完结的作业，把时间分为三个“20分钟”，每个“20分钟”一到，就让孩子休息5~10分钟。因为每段时间短，还有“短期终极目标”作为鼓舞，做起作业来有个盼头，就会在规定时间内思想高度集中地做作业。

为了让孩子养成写作业的好习惯，很多爸爸经常陪着孩子写作业。虽然爸爸的目的是为了让孩子守好写作业的规矩，可是如果孩子磨蹭或不认真，就应告诉他要抓紧时间，应该认真写。

如果爸爸在孩子写作业时，总不断地这样说孩子，孩子就会受到干扰，甚至有些不耐烦，孩子就在情绪上开始和家长对立，就会破坏规矩。所以，在给孩子立写作业的规矩后，爸爸最好是给孩子一定自由的空间，别逼得太紧，别总陪孩子写作业。

可以说，爸爸给孩子立下写作业的规矩时，千万不能着急，而是要细心地找出具体原因，然后再找解决问题的方法。面对不好好写作业的孩子，爸爸切忌不停地唠叨或训斥孩子。因为这样不仅会分散孩子的注意力，使他无法集中精力写作业，还容易让孩子产生不良情绪，如反感或郁闷。而只要找出原因，采取相应的解决方法，就一定能帮助孩子养成积极主动地写作业，并按时完成作业的好习惯。

第五章　这些规矩，有利于孩子个性的发展

世界上没有两片相同的叶子，也没有两个相同的人。因为每个人都有不同的个性，每个孩子也是如此。不同的孩子有不同的个性，有的孩子性子慢，有的孩子性子急，在给孩子立规矩时，一定要注意这一点。换言之，在给孩子立规矩时，爸爸们要因人而异地制定合理的规矩。如给活泼好动的孩子制定的规矩，就要与给任性的孩子制定的规矩有所区别。这样，才能有针对性地给孩子立规矩，从而更有效地纠正孩子的不良行为，让孩子养成良好的生活与学习习惯。

给黏人的孩子立规矩，爸爸怎样才hold住

很多由妈妈一人带大的孩子，都会比较黏人，但如果父母不给这样的孩子立规矩，孩子就会在情感上长期依赖父母，从而缺少独立性。因些，如果你家中有特别黏人的孩子，妈妈就一定要舍得放手，而爸爸呢，则必须给孩子制定相应的规矩，以此来培养孩子的独立性。

下面是一位妈妈的来信。

老师：

您好！

我叫王晓，我的儿子六六现在3岁多了，由于他平时的日常起居都是由我一个人负责的，所以宝宝特别黏我，我去哪儿他就跟去哪儿。在家时，就算是我去洗手间洗把脸的工夫，如果他看不到我，也会急得大哭；而出门在外他更是一步也不愿离开我，走一小会儿就非缠着我，让我抱着他。

我的家人，特别是孩子的爸爸，一直说孩子让我惯得一点规矩也没有，但我却一直觉得，这么小的孩子，不需要立什么规矩。

现在，我想问下老师，我的育儿观是正确的吗？老公想给孩子立规矩是错误的吗？如果我老公想给孩子立规矩，我应该怎么做？

所谓黏人就是指孩子在情感上对父母的依赖性太强了。通常这类孩子会一天到晚黏着妈妈，甚至连妈妈上洗手间的工夫也无法独自待着，这些孩子总会大叫“我要妈妈”。妈妈在自己身边的时候，孩子总对妈妈说：“妈妈，过来和我一起玩赛车!”“陪我一起看电视嘛！”等等。而由奶奶带大的孩子也同样如此，他们是一分钟都离不开奶奶，每次奶奶要出门办事，都要趁孩子不注意时溜出去，否则，就难以脱身。

而向我咨询的这个妈妈的孩子已经3岁了却还特别黏人，这说明确实要给孩子立规矩了，否则，就不利于培养孩子的独立性。不过，在给孩子制定规矩时，这个妈妈应该了解一下孩子为什么黏人。

通常，孩子之所以黏人，是由于孩子从小到大经常与家中某一个人独处，如由妈妈带大。而孩子如果与妈妈单独待的时间长了，就会对其他人产生不安全感，因而，孩子总是黏妈妈。

面对如此黏人的孩子，爸爸应该怎么给孩子立规矩呢？事实上，爸爸最应该给孩子立一些有利于孩子独立发展的规矩。

（1）妈妈出门的时候，不许哭闹

3岁的孩子已经可以很好地进行沟通了。因而，爸爸可以告诉孩子：妈妈有自己的事要做，不能天天陪你。如果妈妈有事外出，你不许哭闹，否则，妈妈就不理你。为了配合爸爸立规矩，妈妈一定要配合爸爸，在孩子哭闹的时候，千万不能理孩子，冷落他一会儿，他就会知道是自己做错了。

（2）给孩子立自己玩的规矩

即使是妈妈自己带孩子，爸爸也要时时提醒妈妈注意，或与妈妈制定如此规矩：妈妈也不要时时刻刻陪着孩子，每天要固定半小时或一小时的时间，让孩子自己玩或看电视。在此期间，妈妈可做自己想做的事情，如看书或做家务。不过，要注意的是，在孩子自己玩的时候，一定要在保证孩子安全的前提下，规定孩子多长时间内，不许随便打扰自己。

以上是爸爸必须为黏人的孩子所制定的规矩。但制定容易守规矩难，特别是那些已经十分依赖父母的孩子，让他不黏父母是特别困难的一件事。如要让黏妈妈的孩子与妈妈分离，一时之间他肯定无法接受，甚至会以哭闹不休的方式来抗议或让父母妥协。为了帮孩子守规矩，这时候，爸爸应该怎么做？是放弃还是坚持？

如果选择后者的话，爸爸可以借鉴以下方法，来帮黏人的孩子守规矩。

（1）理性地对待孩子的哭闹

孩子一哭闹，很多妈妈就抱他，只会让孩子更依赖妈妈。所以，在给黏人的孩子立规矩前，面对孩子的哭闹，爸爸要抱着理性的态度，千万不能因孩子一哭闹，就满足他的要求，就让他与依赖的人在一起。正确的做法是：当孩子要抱着依赖的人时，不要让孩子靠在他身上，而是把他放在一边。同时，也可采取以下方法：

孩子哭闹时，爸爸不要马上理他，他要抱妈妈时，爸爸要让妈妈走开或躲开。等到孩子不再哭闹，主动与他人交流时，爸爸就可以抱他一下。因为通常孩子能跟你交流时，他就恢复理性了，不再有不良情绪。

（2）提前打招呼

每次妈妈要出门前，爸爸要告诉孩子，如“一会儿妈妈要给果果买漂亮衣服去，果果要跟爸爸在家玩捉迷藏游戏！果果如果想妈妈，尽量忍一下”。而妈妈呢，也最好在短时间内办完事，早点回家，如外出时间过长，中间可打个电话安抚孩子，让孩子不至于因为等得太久而不安。

（3）家人间要和睦相处

如果家中有孩子，爸爸与妈妈，与其他家人最好和睦相处，特别是不能当着孩子的面吵架，有问题最好心平气和地协商解决。因为这会让孩子在心理上增加安全感，而有安全感的孩子，通常不再“黏人”。

（4）设法转移孩子的注意力

妈妈出门前，可让孩子与其他人，如奶奶或爸爸一起唱歌或玩游戏，因为这样既能分散孩子的注意力，也能让孩子心情保持愉快。这样，当孩子依赖的人出门时孩子就不会太过吵闹。

（5）减少孩子与其爱黏的人相处的机会

如果孩子黏妈妈或奶奶，家人就要多创造妈妈或奶奶与孩子分离的机会，如周六让爸爸带孩子出去玩，或让孩子去外婆家住几天。因为孩子总是和家人中的某个人在一起，对其产生依赖的心理肯定强。而如果能经常让孩子离开所依赖的对象，孩子就能适应与他人相处。

可以说，给黏人的孩子立规矩有很多要注意的事宜、技巧。如果你的孩子总是一天到晚黏着妈妈或奶奶，作为爸爸的你不妨尝试一下这些方法。

在给孩子立独立的规矩时，爸爸需要注意的是，在矫正孩子黏人的习惯时，不要言行不一，如心情好时就喜欢抱孩子，与孩子一起玩，让孩子黏着自己；不高兴时，就把孩子一把推开，推得远远的。这种前后不一致的态度易使孩子产生不安全感，从而会让孩子变得更加黏人，更加依恋妈妈或奶奶。

给慢性子的孩子，如何立规矩（1）

在生活中，许多父母都有着这样的苦恼：早晨起床后，想早点出门，但孩子却磨磨蹭蹭，慢条斯理。你越说他，他越磨蹭，甚至会和你对着干，如早晨你让孩子起床，他虽然口头上答应，可实际上却要么躺在床上磨蹭，要么穿衣服穿得很慢。起床后，你叫他刷牙，他说等一会儿；叫他吃饭，他总是吃几口，玩一会儿；好不容易要送他去上学了，他也是慢慢腾腾的……家里有“慢性子”的孩子，许多父母都十分着急，一些父母甚至因为孩子做事慢，抢着帮孩子把事情都做了，可事实上帮孩子做事，不如给孩子立规矩。

雪儿今年4岁多，已经是幼儿园中班的孩子了，她性格外向，活泼可爱，幼儿园的老师与班里的小朋友都十分喜欢她。可让雪儿妈妈着急的是，雪儿的性子太慢了，无论做什么事情总是磨磨蹭蹭的。

玩了一会儿游戏，她感到口渴了，就对妈妈大喊：“妈妈，我要渴死了，我要喝水！”

“等一下，妈妈马上给你倒水喝！”

“嗯！”

妈妈连忙给她倒了一杯水，放在桌上，然后就去洗衣服了，可妈妈洗完衣服回来却发现，杯子里的水只被雪儿喝掉了一点点。

“雪儿你不是渴了要喝水吗？怎么才喝那么一点点呢？快来喝！”

“嗯，知道了妈妈，一会儿就喝！”

“别玩布娃娃了，现在快来喝水！”

“嗯！”

雪儿又答应了妈妈快点喝水，并且端起杯子，将杯子贴在嘴上，可就是不见水咽下去。见雪儿这么慢，妈妈等不及她喝完水就去做饭了，可等她做好饭回来，发现雪儿的一杯水还是没喝完。妈妈只好再次催她喝水。

雪儿不仅喝水慢，穿衣服也慢。幼儿园的老师告诉雪儿妈妈，在幼儿园吃饭的时候，她总是要磨蹭到最后；而午睡后起床的时候，所有人的衣服都穿好了，雪儿还坐在小床上发呆呢。

听到这些话，雪儿妈妈无奈地对老师说：“唉，她就是这么个慢性子，在家也是这样。孩子这样，我也非常着急，可是除了一个劲地催她，我也没别的好办法，不知道如何让孩子做事快起来。”

老师的建议是，让雪儿爸爸给雪儿立规矩。

家有慢性子的孩子，很多父母会为此着急、上火，可又束手无策。如果你家中也有一个做什么事都不着急的孩子，那么，你要先冷静一下，好好分析分析孩子做事慢的原因。

通常孩子做事慢，与其成长特点有关，如在婴幼儿时期，大部分孩子无论做什么事情都是慢吞吞的，磨磨蹭蹭，动作迟缓，这是孩子成长过程中的一个普遍现象，这是大脑和机体发育的正常过程，当然也有少量孩子，因成长发育较慢而导致性子慢，因手脚笨、协调能力差而导致做事慢，下面我们来具体分析一下。

（1）处于动作发展期

通常，处在动作发展重要时期的孩子，会有手脚不灵活、不协调的行为表现，这是由于其神经肌肉的活动还不协调，做事不得不慢慢来。

（2）受气质的影响

通常，性格安静的孩子，其动作会比较缓慢，此外，如果孩子天生大气，较为成熟，行事就会三思而后行，这类孩子也会因过于慎重仔细，做起事来显得动作缓慢。

（3）注意力不集中

孩子对周围的一切事情都很感兴趣，特别是3岁以前的孩子，注意力总是被眼前发生的其他事情所吸引，而忘记了手头正在做的事情。比如案例中的雪儿，她在喝水的时候，注意力就被布娃娃所吸引，所以喝水才喝得那么慢。

（4）缺乏兴趣

对某些事情缺乏兴趣也是让孩子产生拖沓心理的重要原因之一。比如孩子对画画没兴趣，那么，父母让孩子画画时，就会出现一幅画一天都不一定能画好的情形。相反，如果他对看动画片感兴趣，可能一会儿看一集，一集接一集地看，没几天就看完一部动画片。

（5）不良环境效应

家庭环境对于孩子的影响是很大的，如果父母都是慢性子，或家庭其他成员，如爷爷奶奶性子慢，那孩子十之八九也会是慢性子，因为他们已经习惯了慢慢地吃饭，慢慢地喝水，时间长了，做事就会习惯于拖拖拉拉。

（6）没有时间观念

如果父母认定孩子就是这样的慢性子，那孩子自然也会继续“慢下去”，认为自己的“慢”是天经地义的，不管时间紧不紧，他都不会着急，从而导致时间观念淡薄。

给慢性子的孩子，如何立规矩（2）

“玲玲，玲玲，快起床了，都八点了，再不起来就要迟到了。”玲玲妈一边急急忙忙地帮玲玲收拾书包、准备早餐，一边喊玲玲起床。

“妈妈，我再睡一会儿，我好困。”玲玲睡眼蒙眬地说。

“不行，再晚就要迟到了，快点起床！”玲玲妈再次说道。

5分钟过去了，玲玲还是没有起床，玲玲妈又喊了一遍。

10分钟过去了，玲玲才穿好了一件衣服，开始躺在床上看起了小人书，不一会儿，又把自己的玩具箱打开，找玩具。

“玲玲，现在都八点半了，你还有半小时就要上课了，老师该骂你了。”玲玲妈急得团团转，可是玲玲依旧无动于衷。

无奈之下，玲玲妈亲自上阵，帮玲玲把裤子、鞋子穿上。可能是因为太着急了，不小心弄疼了玲玲，玲玲顿时哇哇大哭起来，叫喊着不要去幼儿园。

等好不容易帮她穿好衣服，已经将近九点了，为了不让玲玲迟到，早餐只有在路上吃了，可是不管玲玲妈怎么赶，最终还是迟到了十几分钟。

“起个床就像打仗，这孩子，为什么起床总是这么磨叽呢？”玲玲妈很无奈。

起床慢的孩子，可能做其他事也慢，孩子做事慢的原因很多，但无外乎上文提到的几种，如处于动作发展期、受个性的影响、缺少时间观念等。

如果孩子是因为慎重、仔细而导致动作缓慢，那父母不要太着急。因为这种类型的孩子，做事多比较认真，效率也高。此外，孩子动作缓慢，是相对成人而言的。有时孩子处理事务的速度显得比一般人慢，通常是因为达不到成人期望的速度；有时则是因为对成人的要求没有做出及时的反应，成人就会认为自己的孩子太磨蹭，但对孩子来说，这是非常正常的。

如果孩子因性子慢而做事慢、反应慢，父母就要多加留意了。因为幼儿期是动作发展的重要时期，动作缓慢的儿童往往容易出现不灵活、不协调的行为表现，影响今后的身体和智力发展。同时，孩子如果因动作慢，而导致穿衣服和吃饭慢，那也会影响孩子的生活自理能力。

孩子如果是因性子慢，而做什么事都喜欢磨蹭，爸爸就需用以下方法来给孩子立规矩。

（1）给孩子设定做事的时间界限

爸爸可给慢性子的孩子设定做事的时间界限。如规定孩子半小时内必须吃完早餐，超过时间就坚决收走早餐；孩子5分钟洗完脸，洗不完就收起脸盆，并且不许看晚上的动画片等。而一般情况下，孩子为了下次不挨饿，不脏着脸出门等，有可能就会加快吃饭、洗脸的速度。

（2）多锻炼孩子

平时，爸爸可让孩子自己的事情自己做，如让孩子自己起床、穿衣服、穿鞋子。因为孩子对事情做得越熟练，做事的速度自然也就越快。同时，要多让孩子参加一些有助于增强敏捷反应和身体灵活性的运动，如打羽毛球、乒乓球、跳绳等。

（3）故事引导法

小孩子非常喜欢听故事，如果孩子做事慢，爸爸可找一些有关名人守时的儿童读物，让孩子自己看，如果孩子看不懂或识字少，爸爸可给他讲一讲。要注意的是，在选择儿童读物时，要选择因为不遵守时间而造成重大损失的故事，因为这样的故事更能让孩子从中受到教育。

（4）情境体验法

孩子做事慢，应对的最好办法之一就是让他尝到后果，特别是在早晨起床时，总是爱磨蹭，父母可不叫他起床，或只叫他一次，让他慢慢悠悠地洗脸、刷牙、整理书包、吃早饭……故意让孩子迟到一次，让他接受老师的批评；又比如孩子吃饭不着急，那么所有人都吃完后就把饭收了，让他饿上半天，几次之后他就知道要快点吃了……尝到几次“苦果”后，孩子自然而然地会加快速度了。

（5）比赛法

在日常生活中，爸爸可与孩子展开竞争，或举行比赛，如在起床时进行谁穿衣服快、谁整理被子快的比赛，起床后进行洗脸比赛等。同时，爸爸可给孩子设计一张“比赛”成绩表，记下最初的完成时间，然后，每天记录实际完成的时间，如果比以前有进步，就给予奖励；如果没有进步，或者退步，就没有奖励。

当然，在比赛时，爸爸要懂得掌握自己的快慢程度，不能总是让孩子输或是赢，要尽量让孩子明白，只有自己抓紧时间才能赢，否则就会输掉比赛。

（6）巧用奖励效应

爸爸可与做事慢的孩子约定好，多长时间做完什么事，如一小时内写完作业，孩子就能得到一个小小的奖励。奖励孩子时，尽量要奖励孩子喜欢的物品，或准许他做喜欢做的事情，这样就能激发孩子养成按时完成的时间观念，强化孩子良好习惯的养成，从而成功地给孩子立做事快的规矩。

（7）签订“合同”法

如果想给孩子立规矩，而又怕孩子不守规矩，爸爸可与孩子签“合同”，签订的“合同”一定要详细，如给孩子立每天早起的规矩，一定要界定孩子的起床时间，要在多长时间内完成起床这件事，如果孩子不守规矩该如何处罚，守规矩又该如何奖励等细节，都要一一写进“合同”中。父母的职责是监督，如果孩子做得比较好，就要对孩子进行奖励，不好的话，要进行处罚。

总之，如果家中有做事慢的孩子，爸爸就要多花点心思，来给孩子立规矩，同时，采取各种各样的方式，帮助孩子不断提高做事的效率，从而成功地给慢孩子立规矩，改掉孩子的“慢性子”。

培养孩子的独立性，从立规矩做起

在我们身边，有很多独立性差的孩子。这些孩子之所以独立性差，多与父母溺爱和照顾过于周到有关，也有一些父母不注重对孩子独立性的培养，以致孩子事事依赖自己。例如，一些孩子在跌倒后总想让父母帮助他站起来，如果父母没有及时来拉他起来，或抱他起来，他就可能趴在地上，或坐在地上号啕大哭。可以说，要想增强孩子的竞争力，父母就一定要从小培养孩子的独立性。

小南已经是7岁的大女孩了，可还是事事都要妈妈照顾，甚至连大小便后都要妈妈给擦屁股。

这天晚上，妈妈正在厨房洗碗，忽然手机响了，妈妈一看是同事打来的，赶紧接听起来，可此时，在洗手间的小南却大喊起来："妈妈，快来给我擦屁股。我大便解完了！"

妈妈正在接同事的电话，哪有工夫给她擦屁股，可小南却不管那么多，一个劲地喊道："妈妈，快给我擦屁股！"

妈妈不得不说："等会儿。"

听到她这么说，同事知道小南妈妈可能很忙，只好说："你还有事，我先挂了！"

挂完电话，小南妈妈赶紧去给小南擦屁股。可擦完屁股没一会儿，小南又在一边喊：“妈妈，我要喝水！”

小南妈妈只得再给她倒水喝。倒完水刚一会儿，小南又喊：“妈妈，我要吃苹果！”

7岁的孩子，大小便后还要妈妈给擦屁股，这确实让人很无语。这么小的事孩子都懒得做，可见，小南这孩子的独立性有多差了。

什么是独立性呢？独立性一方面指自理能力强，一方面指能独自做决定，能为自己的决定与行为负责任。而大部分孩子缺少的正是为自己的决定与行为负责任的能力。因而，父母要教育孩子，要让他从小学会独立，让他自己做决定，为自己的行为负责任。

所谓“独立性差”，是指孩子不愿意独自一个人去做事情，非要别人跟着、陪着才乐意做。也有一些孩子，应该自己做的事，非要父母帮他做。

在我们身边，“独立性差”的孩子数不胜数，而且有着不同的表现：不愿意一个人去学校、不想一个人吃饭、害怕一个人待着哪怕只是几分钟、不愿意自己做作业等。如果出现了“独立”的情况，他们往往会有害怕、恐惧、退缩、不知所措等行为表现。

这些孩子的独立意识为什么不够强呢？可能和以下这些原因有关。

（1）独立空间不够

人们常说空间决定思维，其实这就是环境对一个人的影响。现在，有很多孩子虽然生活条件很好，但独立空间并不多，即便有自己的小房间，父母也经常会“闯入”，干扰孩子独自玩耍。很显然，如果孩子没有足够的独立空间，会缺乏独立完成事情的练习机会，时间一长，孩子的独立意识自然就不强。

（2）教养方式有问题

面对孩子的请求，很多父母总是难以拒绝，结果往往是孩子在父母的帮助下完成所有事情。比如，写作业要父母讲解、洗澡要别人帮忙、书包要父母收拾、吃饭要别人帮着盛……几乎所有的事情都需要别人的帮忙。长此以往，孩子就会越来越离不开父母，一旦离开就会不知所措，不知道该如何做事了。

孩子独立意识差，既会影响孩子良好个性的形成，也不利于孩子的人际交往。美国著名心理学家艾里克森指出：“3～6岁的儿童心理发展的主要任务是养成主动性和独立性。”父母应该好好利用这个时间段，把孩子培养成一个独立自主的人，给孩子确立独立做事的规矩。凡孩子自己的事，有能力做的，都要让孩子自己做。

那么，在给孩子立独立规矩时，具体该如何做呢?

（1）多给孩子独立自主的机会

在生活中，爸爸要多给孩子独立自主的机会。比如，孩子生病了，该不该看医生、该不该吃药等，这些事必须由爸爸或妈妈来决定，但是吃药时，吃药与喝水的顺序则可以让孩子自己决定。而孩子穿什么衣服上幼儿园，想吃什么青菜与水果，也都可以让孩子自己选择。

（2）多给孩子锻炼自理能力的机会

在生活中，爸爸不要什么事都帮孩子做，要让孩子学会自己的事自己做，多给孩子锻炼的机会。如孩子1岁时要让他自己吃饭；2岁时要让他自己洗手洗脸，自己爬楼梯，穿、脱鞋子等；孩子再大一些时，要让他自己整理玩具、书包；更大一些时，要让孩子帮忙扫地，做简单的家务，帮父母招待客人等。

如果孩子独自做事时遇到困难，父母特别是爸爸，要跟孩子一起找出原因，共同解决，如孩子要求自己穿衣，爸爸就要放手让孩子尝试自己穿。

穿不上时，可告诉孩子他为什么穿不上。尽管第一次孩子可能会穿反衣服，但父母依然要鼓励孩子自己穿，并指出不足。

（3）设法转移孩子对父母情感上的依赖

如果你的孩子非常依赖妈妈或爸爸，特别是在情感上，那么，爸爸就要设法转移他对你的依赖。最好的方法是培养孩子的爱好与兴趣，如教孩子学下棋，唱歌跳舞等。可以说，让孩子有丰富多彩的爱好与兴趣，孩子生活充实了，就会相应地减少对父母的依赖。

（4）让孩子玩一些能锻炼独立性的游戏

为培养孩子的独立性，爸爸可与孩子玩一些游戏，如闯关进城堡等。因为这类游戏会设置一些难题，如在途中遇到巫婆、恶熊等可怕人物，要回答或做对动作才算过关，而这也有利于培养孩子独立解决问题的能力。

（5）给孩子独立的空间

当孩子有能力做一些力所能及的事情时，要给孩子独立的房间，并要教导、要求他们清理并保持房间适度的整洁， 随着孩子的不断成长，给他们更多想要的自由来管理自己的空间。他们如果自我管理不好，就不要给他们做不负责任的事的权利。例如，如果他们找不到自己的东西，不要帮他找；还有，如果他们把家人共用的地方搞脏弄乱了，比如客厅，那么，你要对他们进行处罚，而且事先要制定整洁标准化以及处罚原则与条例。这样，让孩子知道虽然他的房间是他自己的空间，但如果他越过特定的安全界线，就会失去使用的主权。

如果你的孩子习惯于什么事都依赖别人，那你就一定要注意培养孩子的独立性，要给孩子立独立做事的规矩，凡是孩子自己力所能及的事，一定要让孩子自己做。只有从小事做起，从生活中的点点滴滴做起，才能成功地给孩子立独立行事的规矩，从而让孩子的独立能力不断地得到提高。

给“小气鬼”立与人分享的规矩（1）

现在的孩子多是独生子女，凡是好吃、好玩的父母也都愿意让孩子独享，可时间一长，可能就会让孩子养成独享的习惯，或者致使他们养成乐意接受别人的东西，却不愿将自己的东西让给别人的行为习惯。为了避免出现这种情况或者改变孩子的这种不良行为，爸爸就要适时给孩子立与他人分享的规矩。

孙涛的儿子米米今年儿童节就满3岁了，这孩子眼睛很大，脸白白嫩嫩的，一笑就会露出两个小酒窝，十分可爱。可最近，孙涛却发现，米米这孩子不知何时变得非常小气。

由于妻子有事，上周末由孙涛负责带孩子。孙涛带米米去了公园，去之前，他准备了很多零食。米米一见爸爸带了那么多零食，非常高兴。到了公园，米米先去玩滑梯、碰碰车，玩累了，就开始吃东西。正吃东西，孙涛看到邻居也带他们的儿子毛毛来公园玩，于是，就打算让米米分点零食给毛毛。

“小米，给弟弟一个苹果吧！”

“不，我就一个苹果，我们家也没有了！”

“那给毛毛一个果冻。”

“不行！”

米米说完，把爸爸手中的零食全握在自己手中，紧紧地护着，生怕爸爸分给毛毛吃。见此，孙涛十分生气地对米米说：“不给毛毛吃，爸爸也就不让你吃了！”

听爸爸这样一说，米米一下子不知该如何是好了。他想了很久，才不情愿地给了毛毛一个果冻。

回到家，孙涛一直琢磨，是什么原因让米米变得如此小气呢？孙涛想来想去，终于想起以前的一些小事。

孙涛记得米米以前不爱吃饭，为了哄他，每次吃饭时，孙涛就会对米米说：“你不好好吃我就把饭都送给毛毛吃，毛毛最喜欢米米的饭了。”

时间一长，米米一听到爸爸这样说，就立马赶着吃饭。当时孙涛觉得效果非常好，可现在看来，自己的教育方式有问题，才会让孩子变成了名副其实的小气鬼：自己的东西坚决不给别人。要是有人开玩笑问他要东西，他就会一本正经地说：“我们家没有了。”或者是马上转身回家，不理别人。

过了几天，孙涛又带米米去公园玩，他看到公园门口有卖小鸡的，就给米米买了两只，然后一起到公园的空地上玩。米米玩得正开心时，一位老人走过来，逗米米道：“小朋友，你的小鸡真好玩，送我一只好吗？”

米米一听，立马抓起小鸡把它们放进小桶里盖上，不再让老人看。

“孩子，我逗你玩呢！你自己玩吧！”老人说完就走了，可孙涛的心里却难以平静：这样下去可怎么行？不行，要想法子改变孩子的小气心理。

“我的东西不许别人动，我的东西不能分给别人吃。”相信不少父母都听过类似的话，而且也总爱说“现在的孩子真小气，真自私”。

对小孩子来说，特别是2岁左右的孩子，说他小气未免有些过分。事实上，孩子有好东西不愿分给别人，不愿与人分享，不是因为孩子自私，而是因为孩子不懂得分享。

有的孩子宁愿自己拿着玩具不玩，也不愿把它让给别的小朋友玩；还有些孩子，你刚给了他一些零食，可等你要他分你一些时，这些孩子却会说“不”。这些孩子之所以会这样，就是因为在生活中他们养成了好东西自己独享的意识，或者养成了乐于接受别人给的东西，却不愿将自己的东西让给别人的行为习惯。还有一些孩子不懂分享，是由于他们需要获得一种归属感、一种安全感，他们希望能够有效迅速地融入自己周围的氛围，并试图用各种方法使自己在周围的范围内获得一席之地，其中就包括“占有”一些物品。

当然，孩子如果超喜欢某个玩具，或某种美食，也是不愿与他人分享的。

可见，孩子不愿与他人分享的原因是多种多样的，不管是出于哪一种原因，都是可以理解的。但是，孩子总要成长，并且走向社会，就不得不提高与人交往的能力，学会互助、合作和分享。因此，爸爸必须帮助孩子从小学会“与人分享”，掌握分享、关怀、协调冲突等与人和睦相处的能力，远离以自我为中心的心理状态，促进孩子社会性的发展，从而尽快完成社会化的过程，这比学习才艺更为重要。

如果家中有不懂分享的“小气鬼”，爸爸一定要设法培养他的分享意识，给他立分享的规矩，让他懂得如何与他人分享。

给“小气鬼”立与人分享的规矩（2）

爸爸该如何给孩子立与他人分享的规矩？笔者建议爸爸最好从以下几方面入手。

（1）给孩子灌输分享的理念

要想成功地给孩子立规矩，就要教给孩子好东西要与他人分享的理念，而要做到这一点，就要从生活中的小事做起。如下班途中，爸爸可以买一些苹果回家，在吃完晚饭后，爸爸可让孩子分给家人吃；当然，也可以有意识地让孩子在母亲节时为妈妈制作一份礼物，为妈妈做一件事等，也可以在老人节让孩子给奶奶制作生日贺卡。

（2）建立奖罚制度

如果家里的孩子比较小气，爸爸就要规定，有好东西必须分享，并且可以建立奖罚制度。如果孩子肯分给你，哪怕只有一点点，也要进行奖励，既可口头奖励：“有了好东西愿意与人分享，你真棒。”也可给孩子奖励一朵小红花，如果孩子得到十朵以上的小红花，可进行物质奖励。反之，如果孩子表现不好，不乐于与人分享，就要进行处罚。这样，慢慢地孩子就会乐于分享了。

（3）给孩子进行分享训练

在给孩子立分享规矩时，爸爸可以邀请邻居的小朋友一起进行这种训练：每隔一段时间，就让小朋友们聚在一起，每人拿出自己喜欢的玩具和大家交换着玩，或是拿出自己的零食与大家交换享用。这样，孩子就会慢慢体会到分享的好处和快乐，也就乐于分享了。

（4）后果体验法

爸爸可以邀请邻居的小朋友一起进行：互相交换玩具与零食。不过，这样做之前，爸爸要提前告知其他孩子游戏规则：如果自己的孩子不愿分享玩具，大家就不要跟他玩，而且要批评他“小气”。这样，时间一长，孩子自然也就学会与他人分享了。

（5）巧用角色游戏来给孩子立规矩

在日常生活中，爸爸可与孩子玩一些分享的游戏，给孩子提供玩具车和若干大小不一的苹果。在游戏中，爸爸可扮演客人，孩子可扮演主人。爸爸可坐在一边不动，而孩子呢，作为主人，要给客人分玩具和饼干。

做游戏时，爸爸可多提建议，让孩子学会把玩具车送给客人玩，苹果留给自己吃；或把苹果送给客人吃，玩具留给自己；如果孩子与人分享，爸爸要对孩子说“谢谢”，或夸奖孩子“真棒”，这样，就能让孩子充分体会到分享的快乐，从而乐于坚守与他人分享的规矩。

（6）利用移情的手段

所谓移情，就是让孩子学会站在他人的立场考虑问题，感受他人的愿望、情感，这样，孩子才能体会到与人分享的重要性。

如果你的孩子平时总护着玩具与美食，不爱与他人分享，爸爸可试着让孩子学会站在他人的立场考虑问题，感受他人的愿望、情感，从而逐步形成自身积极的、正确的内心体验。具体可通过角色扮演、具体事例、故事描述和讨论等方式，让孩子学会分享，让他懂得与人分享的意义。

在给孩子立规矩的过程中，爸爸如何使用移情法呢？现在，让我们看下小艺爸爸李忠的做法。

一天，李忠带着儿子小艺去公园玩，遇到了邻居的孩子强强。强强带着一件自己非常喜欢的玩具“喜羊羊”，公园里的小朋友见了，都想玩，可强强谁都不给。

“强强，为何不给其他小朋友玩呢？”

“小朋友会把它弄坏的！”

“哦，叔叔也有一个好玩的玩具。”说完李忠拿出前几天给儿子买的“奥特曼”。强强见到“奥特曼”，眼睛一亮，见此，李忠对他说：“你想玩‘奥特曼’吗？”

“想玩！”

“叔叔不给你玩！”

“叔叔……”

“强强你现在有什么感觉？是不是心里很失望、很难过？”

“嗯！”

“那如果叔叔借你玩一会儿，你会高兴吗？”

“会！”

“那现在，把你的‘喜羊羊’借小艺弟弟玩一会儿，好吗？一会儿也借其他小朋友玩会儿，行吗？不然，其他小朋友也会像你一样难过的。”

“嗯，行！”

“强强肯将玩具借给其他小朋友玩，真棒！”

不一会儿，强强与小艺，以及其他小朋友一起玩了玩具。

在如此短的时间内，强强不再是一个不懂分享的孩子，强强的进步是可喜的。所以，在生活中，特别是给孩子立分享规矩后，爸爸应该从小事做起，利用移情、奖罚等多种方式，来培养孩子与他人分享的意识，从而成功地给孩子立与他人分享的规矩。

可以说，从孩子小时候起，爸爸有责任、有义务给孩子立与他人分享的规矩，让孩子懂得有好东西大家一起分享是必须做的事情，同时，要设法让孩子体会到分享的好处和快乐，他也就乐于分享了，让他守起分享的规矩来也就会变得很容易。

孩子“马大哈”，打骂他，不如给他立规矩

在我们身边，有这样一些孩子，他们很聪明，也很可爱，可就是非常粗心，平时不是爱丢东西，就是忘记拿应该拿的东西，这些孩子是典型的“马大哈”。面对“马大哈”的孩子，父母会非常着急，可是再着急也无济于事，此时不如给孩子立规矩。

司小伟的儿子司小江今年上小学四年级。这孩子很聪明，平时也比较听话，不像其他孩子那样要父母费心管教，可有一个缺点，就是粗心。

这天上午，司小伟正在单位开会，刚开了半小时，就接到了小江老师打来的电话：“你好，你是司小江的爸爸吗？司小江忘记带语文课本了，他下午有语文课，你一会儿把语文课本给他送到学校来吧！”

“嗯，谢谢老师了，我一会儿就送过去！”

开完会，司小伟急急忙忙地赶回家，拿了小江的课本就直奔学校，而他一进学校门口，就遇到了小江的班主任。

“刘老师，你好，我把司小江的语文课本带来了！”

“好的！对了，司小江爸爸，我正想跟你谈谈呢！司小江这孩子太粗心了，不是将语文课本忘在家里，就是忘记带铅笔盒，你得设法帮孩子改掉粗心的坏毛病。”

“是，是。”

“上次数学考试，他考了第一名，可这次竟然考了倒数第十名。我看过他的数学试卷，这次数学老师出的题，并不难，可小江却因为粗心，有些题他看都没看就开始解答，结果当然是大错特错。比如，有一道是乘法，可小江却用了加法。还有语文作业也是，前半部分的质量很好，可后半部分的字迹却很潦草，错字别字明显增多，这也是孩子粗心的表现。”

“这小子，太不像话了，真是欠收拾！”

“呵呵，你回去可不能打骂孩子，因为打骂既不能让孩子改掉粗心的毛病，还会让孩子的心理受到伤害！”

“那可怎么办？”

“不如给孩子立些不能粗心的规矩，这样，慢慢地就能改掉他粗心的坏毛病了！”

从学校回来后，司小伟一边看着儿子写作业，一边琢磨，怎么才能纠正孩子粗心的毛病呢？可想了好几天，他还是没想到什么好的办法，来给孩子立规矩。

对孩子粗心大意的坏毛病，很多父母都束手无策。其实，要解决孩子粗心大意的毛病，先要弄清楚孩子之所以会粗枝大叶的原因。

（1）与气质有关

孩子粗心大意，往往与气质有关。如胆汁质型的孩子，多直率热情、精力旺盛、性情急躁、易冲动、比较粗心大意、做事不踏实、准确性差、容易丢三落四。如果你的孩子正好属于这一类型，你就需要多加注意了。

此外，多血质型的孩子热情、外向，容易冲动，对新鲜事物很好奇，但是维持注意力的时间相对较短，注意力又容易受干扰，也容易粗心大意。

（2）性格所致

孩子写作业小错不断，是与孩子的性格分不开的。比如，有的孩子马虎，是由于性格外向，天性大大咧咧，因而，父母要改变孩子马虎大意的毛病，就要从性格上入手，慢慢引导他认真、谨慎地行事，从而养成一丝不苟的做事习惯。

（3）由于爱冲动的心理

性子急的孩子，爱冲动。在这种冲动心理的影响下，很多孩子做事前，缺乏仔细的观察和全面的思考，而且动手快于动脑。如果孩子写作业时，不经过思考，仅凭冲动行事，就容易出现错误；做完作业后又不检查，就会导致写完的作业错误比较多。

孩子粗心的原因很多，不管是出于哪一种原因，孩子的父母，特别是爸爸需要多费心，来帮孩子远离这一不良习惯。

我有一个朋友的孩子也是一个“马大哈”，就像上文中的小江一样总是丢三落四，朋友无奈之下问我应该怎么办，我建议他给孩子立规矩。

在我的建议下，朋友给孩子立下了规矩，如早晨上学时，如果把课本落在家里，就得自己想法子，不要再让老师打电话给爸爸妈妈，再让爸爸送了。

朋友的孩子听了后，信誓旦旦地说：“我会记得拿课本的。”可事实呢，一开始他不是忘了拿课本，就是把铅笔盒忘在家里，于是只好让老师给爸爸妈妈打电话。每每接到孩子的电话，朋友跟他的妻子都只对孩子说一句话："要守规矩！"

时间长了，孩子不得不认真考虑该怎么解决这个问题。想来起去，他觉得最重要的是前一天睡前要整理好书包，第二天早晨出门前，再检查一次。久而久之，自成习惯，粗心的毛病也就这样被纠正了。

由经常丢三落四，到慢慢养成了凡事提前做准备并检查的好习惯，朋友的孩子可以说取得了巨大的进步。而能取得这样可喜的进步，是因为给他立了相关规矩，而孩子对于规矩的坚守，以及把规则化为时刻行动的动力，则让孩子养成良好的习惯。可见，孩子的好习惯是从规矩中锻炼出来的。

孩子"马大哈"，爸爸该如何给孩子立认真做事、细心做事的规矩呢？给孩子立不许粗心的规矩并不难，不过，给孩子立的规矩要具体，要讲究技巧。

（1）给孩子立不许丢东西的规矩

如果自家孩子因粗心老爱丢三落四，爸爸就要给孩子立不许丢东西的规矩。

（2）给孩子立做事认真的规矩

很多孩子性子急，凡事总急于完成，结果总爱出错。这类孩子的爸爸应该立做事认真的规矩。爸爸要如此要求孩子：做事先讲质量，再讲速度。

（3）多提醒

给粗心的孩子立规矩，爸爸凡事要多用心，要多问多提醒孩子，如孩子从幼儿园或学校回来后，或在入睡前，爸爸一定要问他：老师要求你明天带铅笔、橡皮擦，或者练习本吗？老师让你画画吗？根据孩子的回答，提醒孩子马上把所需的工具提前收好，放进书包，第二天早上出发前再提醒孩子检查一遍，有没有遗漏的东西，这样既不会丢三落四，还能培养孩子养成提前准备所带物品的习惯，时间一长，自然就能养成认真做事的习惯，也能去除粗心大意的毛病了。

（4）要有的放矢

要给孩子立不许粗心的规矩，一定要有的放矢，如孩子爱丢东西，就给孩子立不许丢东西的规矩；孩子做作业粗心，就给孩子立写作业要认真的规矩：每次做完作业，都要求孩子检查一遍，并监督孩子实施。

（5）多让孩子做一些“细活儿”

孩子粗心，有时是由于缺少耐心，而注意力又容易受干扰，这类孩子，可让他写毛笔字、缝纽扣、穿针线等，这类活动既可锻炼孩子的细心，又可帮助孩子锻炼耐心。

此外呢，爸爸还可以让孩子多读一些故事书，最好在安静的环境内，采取大声朗读的方法，坚持一两年，亦可以让性子急、粗心的孩子变得耐心、专心和细心。

（6）后果惩罚法

面对粗心的孩子，很多爸爸是一筹莫展、无计可施，其实这时不妨采用后果惩罚法，来给孩子立规矩。比如，孩子上学前，由于粗心，忘记带课本时，不要给孩子送到学校去，让孩子多挨老师批评，让他多尝尝粗心的后果，是最好的方法。

孩子粗心不是大毛病，可是在小时候却会影响学习，甚而在长大后影响工作和生活。因而，爸爸一定要给孩子立规矩，要让孩子从小养成认真学习或生活的习惯，这样，才有利于孩子的成长。

如何给任性的孩子立规矩

所有的父母都希望自己的孩子有礼貌、懂规矩，可由于一些父母教育不当，结果却导致孩子任性、没有规矩，做事常以自我为中心，什么都要依着自己的性子来，一个不如意就大发脾气，哭闹不止，甚至摔东西，无论别人怎么哄都不行。对这类任性的孩子，爸爸一定要及早立规矩。

刘邦的儿子滨滨5岁了。由于两年前刘邦与妻子离了婚，家人怕滨滨的情绪受到影响，所以都尽可能地宠爱他，平时，他想吃什么、玩什么，大家都尽量满足他。时间一长，刘邦发现，滨滨被家人惯得很任性，他只要想干什么或者想要什么，家人就必须立即满足他，否则，他就大发脾气，哭闹、打滚、扔东西，甚至骂人，怎么劝都劝不住。

这天，刘邦与几个好友聚会，滨滨也闹着要一起去，刘邦只好带上了他。不过，去之前，刘邦给孩子立下了规矩："不许乱跑，不乱要东西，不许发脾气，要听爸爸的话！"

"我一定听爸爸的话！"

到了酒店，朋友们已经点好了菜，就等刘邦了。滨滨一见桌上有一盘对虾，立马就伸手去抓。

"滨滨，要用筷子夹，不能用手抓。来，让爸爸给你夹！"

“我要两个！”

“先吃一个，吃完再夹！”

“不行！我就要两个！”

“别闹，要不然叔叔阿姨就不喜欢你了。”

“不，就要两个！”

“先夹一个，要不然，你一个也别想吃！”

一听爸爸这样说，滨滨把筷子一摔，不干了，哭闹起来。见状，刘邦的一个朋友赶紧过来哄他，可滨滨又是推盘子，又是踢凳子，根本不听劝。

刘邦气急了，不顾朋友的劝说，一把把滨滨拖出酒店，照着屁股狠狠打了几下。而滨滨被打了之后，不但没有收敛，反而还闹得更凶了。

回到家，刘邦整晚都没睡，他一直在想：“自己得好好管管这孩子了，要不然，他就真的无法无天了。”但该怎么教育孩子呢？他却是一头雾水。

第二天，刘邦送孩子去幼儿园，跟老师聊起昨天的事。老师认为，刘邦的做法太简单、粗暴。因为孩子当众哭闹，有其个性方面的原因，而滨滨的个性就比较任性。

任性是一种不良的个性与心理。这样的孩子，行事多以自我为中心，很少考虑他人感受，一旦自己的要求得不到满足，他就会哭闹或发脾气。在幼儿园，这样任性的孩子就不少。

玉玉的爸爸平时比较忙，没有时间好好陪她，所以到了周末，就喜欢带着她出去游玩。这个周末，爸爸决定带玉玉去动物园。

因为去动物园的路程比较远，又有直达的公交车，为了节省，玉玉的爸爸打算坐公交车去，可任性的玉玉不愿坐公交车，非要打的去。

劝了半天，玉玉还是不听话，爸爸只好说："要么坐公交车，要么就不去！"

听到爸爸这么说，玉玉不吭声了，她站在路边一动不动，而在她前面不远处就是公交车站。

"你非要打车去，是吧？"

"嗯！"

"那我们不去了！"

爸爸说完就掉头回家了，玉玉也只好无奈地跟着爸爸回去了。

玉玉任性，不听话，爸爸让她选择是坐公交车去动物园或者是不去，面对任性的玉玉，爸爸用的是选择法。这等于让孩子碰了一枚"钉子"，如果经常让孩子碰这样的"钉子"，相信孩子就会渐渐明白：有一些事还是大人说了算，而不是自己说了算。大人说不行的事，自己哭闹也没用。

家有任性的孩子，除了用选择法来应对孩子的任性外，还可用以下这些方法，来帮孩子立不许任性的规矩。

（1）给孩子立不许任性的规矩

面对任性的孩子，爸爸一定要舍得给孩子立规矩：不许任性，尤其是在原则性的问题上，一定要听父母的安排，否则，就要受到处罚。如当孩子向父母提要求时，父母不要急于答应或满足。即使是合理的要求，也要延迟满足；如果是不合理的要求，就一定要坚决拒绝。

（2）冷处理法

当孩子的某些要求得不到满足，因此而哭闹、不守规矩时，爸爸可采取冷处理法。如爸爸让孩子早晨7点起床，他就是不起来，甚至以哭闹相要挟，这时，爸爸就可以不理他，让他单独在自己的房间待一会儿。

（3）妙用转移法

当孩子任性、发脾气时，爸爸如果没有其他好法子，可以尝试一下转移法。如孩子逛商场时，看到手枪玩具非吵着要买，可家中已有类似的手枪玩具时，爸爸可以这样对他说："那边还有更好看的呢，我们一块去看看。"这样，就可以转移孩子的注意力，从而避免孩子因此而任性、哭闹。

很多孩子都或多或少有些任性，爸爸要想成功地给任性的孩子立规矩，一定要因时而宜，灵活应对，根据具体情况，采取不同的立规矩的方法。否则，不但起不到好的效果，还会引起孩子的逆反心理，更激发他的哭闹行为，从而导致给孩子立规矩以失败告终。

如何给自控力差的孩子立规矩

可以说，给孩子立规矩，第一就是帮助孩子辨别可以做和不可以做的事情，第二就是培养孩子自我克制的能力。

自我约束力，是指运用情绪来促进完成任务而不是被情绪左右而影响工作，不轻易放弃目标，从挫折中迅速恢复的能力。这要从两个层面来理解，一是对自我情绪的控制，对自我欲望的控制；二是对挫折的态度。

对自我欲望的控制，其实就是自我克制力。由于很多父母对孩子的要求来者不拒，孩子想要什么基本都能得到满足，甚至对一些无理的要求，一些父母也尽量去迁就和满足。而父母或家人这样过分宠爱孩子，也就剥夺了锻炼孩子形成“自我控制能力”的机会。所以，现在的孩子大多“自我控制能力”比较差，缺少克制力，一旦孩子的内心需求没有得到满足或者没被大人正确理解，孩子就会哭闹、发脾气或骂人或摔东西等。所以，爸爸一定要早点给孩子立规矩，以培养孩子的自我克制力。

王平的儿子军军10岁，上小学三年级了。这孩子以前很可爱很听话，可最近军军却变得不听话了，特别是在玩电脑游戏这件事上。他每天放学回家，总是先玩电脑，结果作业写得一塌糊涂，经常在放学后还被老师留下写作业。让王平头大的是，每当他去接孩子，老师都会告诫他要好好管教孩子。而在家长会上，老师更是对他这位学生家长“另眼相看”，这让王平感觉很丢面子。

王平买电脑的目的是为了方便儿子查资料。因为儿子学校的老师总要求孩子上网查资料，没买电脑前王平只好带孩子去邻居家查资料，时间长了，他就有些不好意思，可又不想带孩子去网吧，所以才买了一台电脑。买电脑前王平就对儿子说，除了查资料，不许他去动电脑。

可买了电脑后，王平找来一位同事装系统。装系统时，这位同事顺便装了一些电脑游戏，王平下班回家后偶尔会玩一下游戏。可没想到王平在玩游戏时，让军军看到了，结果军军也闹着要玩游戏。王平被缠得没办法就只好让军军玩了一会儿，可自那以后，军军就经常在放学后开始玩游戏，而且是越玩越带劲，军军逐渐控制不了自己。

王平下决心给孩子立规矩，他对军军说：“军军，以后你只能在周末时玩电脑。不然，我就会好好收拾你。听见了吗？”

“知道了，爸爸！”尽管军军答应了遵守爸爸立下的规矩，可每次他都沉浸在游戏里不能自拔，妈妈怎么劝他都不听。结果，给儿子立玩电脑的规矩，也就成了王平夫妻俩的一个难题。

军军为何控制不了自己不去玩电脑游戏呢？这当然是因为他自我克制力差。自我克制力差的孩子，是难以面对形形色色的诱惑的。当然，这样的孩子也难以坚守规矩。即使父母给他立了规矩，刚开始他可能还会守规矩，但一遇到诱惑他就抵挡不住了，如爱玩电脑的孩子，一看见电脑，就有可能破坏父母定的玩电脑的规矩。

要想给这类孩子成功地立规矩，最好的方法是用延迟满足法。

所谓延迟满足，就是让孩子学会“忍耐”与克制，让孩子克制、放弃眼前的诱惑，以此来追求更大的目标，获得更大的享受。延迟满足不仅是幼儿自我控制的核心成分和最重要的技能，也是儿童社会化和情绪调节的重要组成部分。

20世纪60年代，美国心理学家沃尔特·米歇尔设计了一个“让孩子在美味糖果面前等待”的实验，测试孩子面对诱惑时会有什么样的反应。

具体的做法是：在参加实验的每个孩子面前放一块软糖，之后告诉孩子游戏规则：如果你在15分钟内将这块软糖吃掉，你只能吃这一块软糖。而如果你能等待15分钟后再将面前的这块软糖吃掉，就能得到两块软糖。

你是想吃一块软糖，还是想吃两块软糖呢?

一开始，大部分孩子都说想要吃两块。但很少有孩子等待15分钟后再将面前的这块软糖吃掉，于是，大部分孩子都只吃到了一块软糖。只有约三分之一的孩子成功延迟了自己对软糖的欲望，从而吃到了两块软糖。

最有意思的是，在实验过程中，不同的孩子面对软糖有不同的反应，如有的孩子实在面对不了软糖的诱惑，就马上吃了起来；有的孩子知道这样不好，吃到一半就放下了，这是无法抵挡诱惑的孩子；有的孩子坚持不住了，说我只吃一块软糖算了。这个孩子在诱惑面前放弃了坚持。

有一个女孩子等了15分钟，在这15分钟内，她背转身，将头转向其他的方向，尽量不看桌上的软糖。很显然，这个女孩是在克制自己的欲望，是在逃避诱惑，也因此取得了好的结果——能“延迟满足”自己。

而这个孩子比其他孩子特别的地方，就是她对自己有一个非常客观的评价：如果直面诱惑，她是难以抗拒的。有了这样的自我评价，她选择了逃避，结果，她成功“延迟满足”了自己。

可见，最好的克制力、最好的自我约束力建立在自我认知的基础上。这也意味着，爸爸要想帮孩子建立最好的约束力，首先要让孩子对自己有一个正确的认识，了解自己的优点或缺点。然后，再对症下药地对自己的缺点进行纠正。

而心理学家对参加实验的孩子进行了18年的跟踪。18年后，心理学家发现，15分钟之后吃糖的孩子，面对困难能坚持再坚持，而且在追求目标的过程中，能够忍受各种各样的痛苦与折磨。而那些禁不住诱惑考验的孩子，则在成年后表现出固执、犹豫、多疑和不自信、冲动的性格特点，而且他们的情绪易受到外界环境的干扰，做事时总不能专注于既定的目标。他们总是急功近利，如果得不到满足，就容易变得焦虑和失控。可见，“延迟满足”对培养孩子自我克制力有积极的影响。

但如何用延迟满足的方法训练孩子，让孩子提高自我克制力呢？方法当然有很多，但爸爸在使用这个方法时，需要注意几点。

（1）要灵活地运用延迟满足法

用延迟满足的方法训练孩子，爸爸们要知道什么时候应该延缓满足，什么时候不可以。

一般情况下，对于孩子的合理要求，爸爸们最好不要延缓满足。如孩子洗澡后，在大冬天，洗手间的温度又不是很高，孩子喊冷要穿衣服时，你得马上用毛巾将孩子身体上的水擦干净，用最快的速度帮孩子穿好衣服，否则，孩子就会感冒。

一些不太合理的要求，或可有可无的要求，如孩子看到小朋友有新衣服穿，自己也要买新衣服；看到邻居家的孩子或同学有苹果手机，也要买苹果手机，此时，爸爸可延迟满足他。

（2）延迟满足不是让孩子等待

在很多爸爸眼中，延缓满足就是让孩子等一会儿，再等一会儿。事实上，延缓满足不是让孩子等几分钟后，再满足孩子的要求，而是要设法让孩子在延缓中学会等待。如孩子想吃苹果，不是5分钟后再给孩子拿苹果吃，而是先把苹果拿出来，去洗一下，然后拿刀子慢慢去皮，去皮后再让孩子吃。在这期间，让孩子耐心等待，在等待的过程中，锻炼孩子的自控力。

（3）巧用激励效应

如果孩子这次延缓满足了，父母可以给孩子一个小小的奖励。这会让孩子明白这样的道理："我延缓满足后，得到的更多。"这就有利于孩子安心等待，这是一个理性的过程。而让他等一等，再等一等，孩子的自我约束与克制力都能得到提高。

为了帮助孩子提高自控能力，使他们成为内控型的人，爸爸也要给孩子建立新的原则。

（1）告诉孩子事情的真相

比如孩子要买苹果手机，爸爸说"我买不起苹果手机"时，必须是真的买不起，不能让孩子觉得"明明可以买的嘛，看来我还没有闹够，所以你才不给我买"。

可以说，成功地给孩子立规矩的前提就是遵守诚实的原则。

（2）爸爸的言行要明确

在给孩子立规矩时，爸爸的言行要有确定性。不然，就会让成长中的孩子不知所措。在给孩子立规矩时，爸爸应尽量增加自己行为与言语的确定性，让孩子感到安全。

（3）重视对话与交流

通常，孩子是要同他人一起交流、分析、总结已有的经验，从而提高自己的认识、智慧水平。爸爸在给孩子立规矩时，不应把规矩都制定好了后强加给孩子，而应留下与孩子对话和协商的空间，给孩子践行的机会。

（4）不要高估孩子的能力

给孩子立规矩时，很多爸爸常常高估孩子的能力，认为自己只要说明规矩，孩子们就会记住自己的话，从而守规矩。一旦孩子犯规，爸爸们就会非常生气，甚至会对孩子发火:“我给你讲过多少次了，不能挑食。今天你又挑食。从今以后，你最好不要吃饭了。”

可以说，高估孩子的能力，爸爸就会在孩子犯规时，不能保持理性。所以，给孩子立规矩时，爸爸不要高估孩子的能力。

以上是给孩子立规矩，培养孩子克制力的一些技巧与注意事项。如果你的孩子自我克制力不是很强，你可尝试以上的方法与技巧。只要坚持下去，相信你的孩子就能学会克制、学会期待。

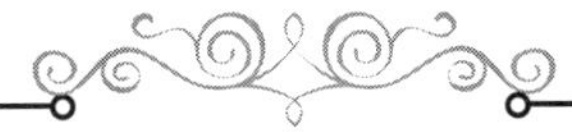

第六章　这样给孩子立规矩最给力

家庭是孩子的第一所学校，父母是孩子的第一任老师，父母如果要给孩子立规矩，必须自己先守规矩，因为父母的一言一行孩子都看在眼里，记在心里，甚至会不由自主地模仿父母的言行。作为父母，一定要懂得上行下效的道理，并要带头遵守一些规矩。否则，会不利于给孩子立规矩。

给孩子立规矩，爸爸先要以身作则

家庭是孩子的第一所学校，父母是孩子的第一任老师，父母如果要给孩子立规矩，必须自己先守规矩，因为父母的一言一行孩子都看在眼里，记在心上，甚至会不由自主地模仿父母的言行。作为父母，一定要懂得上行下效的道理，并要带头遵守一些规矩。否则，会不利于给孩子立规矩。

一些爸爸之所以不能成功地给孩子立规矩，是因为爸爸自己不守规矩。他自己行事都没有规矩，就谈不上给孩子树立好榜样了，给孩子做起规矩来就很难。因为小孩子最爱模仿自己的父母，喜欢模仿父母的一言一行。

琪琪爸整理厨柜时，发现家里的味精、花椒等调料都没多少了，就决定去一趟超市。见爸爸要出去买东西，6岁的琪琪也闹着要去。琪琪有乱买东西的毛病，是典型的“商场闹宝宝”。所以，琪琪爸不想带她去，就对她说：“不行！你不听爸爸的话，你到超市总爱瞎买东西！”

“爸爸，我一定听话！”琪琪信誓旦旦地道。

“嗯，那我们先说好了：你不许买东西！”

“嗯，我什么东西也不买！如果我要买，你下次就不要带我去！”

听琪琪这样说，琪琪爸就带上琪琪一起出了门。

可到了商场，琪琪却像换了一个人，一个劲地要买吃的：“爸爸，我要吃蛋糕，我要饿死了！”

爸爸不理琪琪，继续往前走。

“爸爸，我饿死了！我要吃蛋糕！”琪琪见爸爸不理自己，就大声叫，“爸爸，爸爸！”

琪琪见爸爸走远了，竟然坐在地上大喊大叫起来。渐渐地，周围的人都投来异样的眼神。这让琪琪爸觉得很不好意思，于是就给琪琪买了蛋糕。

琪琪拿着蛋糕，吃了起来。但不一会儿，她又冲爸爸大喊：“我要娃娃！”

“你这孩子，出门前不是答应爸爸，不乱买东西！怎么现在又是见什么买什么！你忘记了我们之前的约定了？”

琪琪爸带孩子去超市，因为孩子不守规矩而特别生气。但他没有意识到，琪琪之所以不守规矩，是因为他自己没有守规矩，没有坚守自己的规则底线：与孩子约定不给孩子买东西，但经不起孩子的哭闹，感觉面子上过不去，而给孩子买了东西，破坏了规矩。他的爱面子，无疑给孩子提供了破坏规矩的机会。换言之，是他自己先破坏了规矩，才让孩子有机可乘。所以，爸爸给孩子立规矩的时候，一定要明白，必须自己坚守规矩，才能让孩子守规矩。

俗话说：“身教重于言传。”爸爸如果不能正确地遵守给自己或给孩子制定的规则、规矩，就不要给孩子立规矩。等学会坚守自己所立的规矩后，再给孩子立规矩。这就是给孩子立规矩时，爸爸必须要保持的一个良好的态度。

爸爸可以想想看，如果你自己彻夜玩乐，却要孩子准时睡觉；自己边看电视边吃饭，却要孩子好好吃饭；整天说话不算数，甚至出尔反尔，这让孩子怎么想？他又怎么会有正确的模仿对象？

而作为爸爸，又应该如何以身作则，坚守规矩呢？

一次，我和一个美国朋友去餐馆吃饭，朋友带了他的孩子。

吃饭时，朋友的儿子突然大哭不止，怎么哄都不行。此时，餐馆中吃饭的客人并不多，但我的朋友，那个孩子的爸爸还是非常生气，他立马神情严肃地警告孩子："再哭，就不许吃饭了！而且一天不许吃任何东西！"

朋友之所以这样生气，是因为孩子的哭闹行为影响了他人，而影响别人是非常不礼貌的行为，即便他只是一个不懂事的孩子。

孩子听了父亲的话，哭声慢慢小了下来。我问朋友："孩子为何这样听话？"

朋友告诉我，他是这样教育孩子的：第一先是警告，若警告不听，就按刚才自己说的去做，而且前不久，孩子刚受到类似的处罚。

见孩子不哭了，朋友对孩子说："看着我，吃饭时，一定要好好吃，要这样坐直了吃！"朋友对孩子示范道。

不久，我又约了那位朋友一起吃饭，朋友又带了自己的孩子一起赴约，这次，那个孩子在吃饭的过程中再也没有出现任何异样的行为。

由这个事例可以看出，爸爸在给孩子立规矩的过程中，以身作则，率先守规矩，是多么重要。可惜很多爸爸都没有意识到这一点，当孩子不守规矩，他们总是一味责怪孩子不懂事。

事实上，当我们立了规矩，但孩子一而再地破坏规矩时，与其责备孩子，不如从自己、从成人的世界里去找找原因，看看是不是自己没有以身作则，没有成为守规矩的榜样？

而爸爸们要想以身为则，必须要遵守的准则是：

（1）爸爸要坚持与孩子“共同成长”的原则

在给孩子立规矩时，爸爸一定要坚持“共同成长”的原则，千万不要以老大自居。最好准备一个日记本，将在孩子的每个成长阶段中所制定的规矩都写在日记本上面，或将自己的日常行为举止记录在日记本上。这样做，可以让自己直观地来思考和反思，自己给孩子立这个规矩的出发点是不是爱？给孩子制定的规矩是否合理？是否可以让孩子严格遵守，让规矩有权威性？

（2）父母说话算数，说一不二

现代社会，很多父母对孩子的要求是来者不拒，孩子想要什么，就给什么，即便是一些无理的要求也都尽量迁就和满足。这样做的后果，可能会让孩子得寸进尺，无法无天。因而，父母在给孩子立规矩时，一定要坚守说话算数、说到做到、说一不二的规则，不管孩子怎么哭闹，一定要坚持自己的原则。千万不能因孩子哭闹，而放弃给孩子立的规矩。

（3）父母以身作则，保持良好的行为举止

小孩都有模仿心理，而且最喜欢模仿父母的举止与言行。换言之，你的孩子始终以你为他的行为与行动标准。因而，作为父亲，特别是想给孩子立规矩的父亲，就一定要注意自己的行为举止。

一般来说，要求孩子做到的事情，爸爸们首先要做到，要想孩子对人有礼貌，自己就一定要先做到对他人有礼貌，如要排队，常对他人说“您好”、“谢谢”等礼貌用语；要让孩子好好写作业，不许孩子看电视，自己最好也不要看电视；规定了孩子要好好吃饭，父母自己就要在饭桌上举止规

范，不挑食、不浪费。

父母是孩子的第一任老师，要想成功地给孩子立规矩，爸爸一定要有规则意识，并以身作则地带头遵守规矩。要求孩子做到的，自己一定要先做到。给孩子立的规矩，自己一定要坚守，千万不能因为孩子小，就在孩子面前言行不一。否则，又怎么能让孩子心甘情愿地守规矩呢？

给孩子立规矩，要梳理好爱与规矩的关系

在给孩子立规矩时，有些爸爸总感觉很难。从表面上来看，是爸爸们立规矩的方法有问题，让孩子难以接受与理解，但究其原因，是这些爸爸没有梳理好爱与规矩的关系。由于没有理清爱与规矩是什么样的关系，所以这些父母立起规矩来，总是不忍心，有些犹豫，不那么坚决或不能坚持。

海明的女儿丽杰现在4岁10个月，她的小脸胖乎乎的，一对大眼睛水灵灵的，非常讨人喜欢。可海明却特别烦她，甚至看她都不顺眼，这是为什么呢？当然是因为她非常任性，总爱发脾气，稍微有点事不依着她，就对父母大喊大叫。因而，海明跟心软的妻子合计了一下，决定要好好管管她，决心给她立规矩，并且特别提醒妻子，不能因为一时心软就坏了大事。

这天，海明的一个大学同学要来家里做客，来之前，海明就告诉丽杰明天有客人来，让她要听话，客人来了要打招呼，要有礼貌，不能在客人面前瞎胡闹。丽杰答应了。

客人来了后，刚开始丽杰的表现还不错，很高兴地与客人打招呼，并招呼客人就座，但没过多久她就开始吵闹了。当时，丽杰的爸爸妈妈正忙着招待客人，陪客人聊天，可丽杰却非要妈妈陪她去玩，而且是要去公园玩。丽杰的妈妈没答应，说自己没有时间陪她玩，要陪阿姨聊天。而丽杰一听立马

就躺在地上撒泼打滚，大哭大闹，她闹腾了十几分钟，怎么哄都不行，弄得客人很不好意思，本来说好要在海明家吃饭的，结果只待了不到半小时就离开了。

每对父母都有自己的苦恼，而海明的苦恼是：为什么小丽杰总是喜欢无理取闹？为什么她答应了守规矩，却老是破坏规矩呢？给孩子立规矩就这么难吗？

从立规矩本身来说，确实存在一些困难，如立规矩是一个非常复杂而且繁琐的过程，而且每个孩子的情况都千差万别，每一个孩子的个性也不尽相同。因而，给孩子立规矩不容易。

（1）现代年轻的父母多溺爱孩子

现代，由于很多孩子都是独生子女，一些父母总是没有原则地满足孩子，其实这是对孩子的溺爱。溺爱孩子是一种没有规矩的爱，这种爱会让孩子总是快乐地接受。但是这会让孩子慢慢习惯于得到，而不习惯付出。时间一长，孩子就会形成这种观念：我有什么要求，父母应该马上满足。而父母满足他的欲望或要求，他也认为是理所当然的事，一点也不觉得应该感恩。

对孩子的欲望或要求，父母都尽全力满足他，久而久之，就会刺激孩子，让他的欲望越来越膨胀，可能会提更多更无理的要求。而父母的能力有限，总有一天父母难以满足他的欲望，那时只怕招来孩子的恨意。唯有给孩子立规矩，才能教育好孩子。所以不管你多么有钱，请记住：再富也要给孩子立规矩。

（2）父母认为立规矩与爱是相互矛盾的

一提给孩子立规矩，很多父母都会纠结：给孩子立各种各样的规矩，是不是会影响对孩子的爱。抱有这种观点的父母知道什么是规矩，也知道从小给孩子立规矩很重要，但真的让他给孩子立规矩时，他又总是舍不得。即使给孩子制定了规矩，在执行的过程中也总是打破规矩。如孩子一发脾气，一哭闹，父母就束手无策，甚至立马心软答应了孩子的要求，结果，自己破坏自己制定的规矩。父母这样做，也不利于给孩子立规矩。这种类型的父母应该明白，爱与规矩是紧密相连、相辅相成的，不是相互矛盾的。

（3）即使给孩子立规矩，也是凭一时的冲动或情绪

有些人在孩子惹是生非时，才想给孩子立规矩；或自己不高兴时，才想起给孩子立规矩，高兴时呢，孩子即使破坏规矩，也听之任之，装作没看见。通常，父母的爱是一种本能的爱、一种感性的爱，而不是理性的爱。只有将对孩子的爱变成理性的爱，才有利于给孩子立规矩。

所以，父母在给孩子立规矩前，一定要梳理好爱与规矩的关系，搞清楚什么是真正的爱，如何才能真正地爱孩子。

（1）真正的爱是理性的爱，不是溺爱

有一些父母由于工作忙，很少陪孩子玩耍，于是为了补偿孩子，他们就给孩子买各种玩具，买各种好吃的。但玩具与美食都不能替代父母的爱。时间长了，孩子感觉不到父母的爱，就会缺少安全感，或性格变得孤僻。

真正的爱是关心孩子，爱护孩子，这与溺爱是完全不同的两回事。关心孩子是建设性的关怀，是为孩子提供良好的情感环境，如父母陪孩子一起玩游戏，带孩子去动物园认识动物，这是以一种孩子能接受的方式支持他。这种关怀远远超出什么都满足孩子。

父母没有不爱自己的孩子的，可父母要明白：真正的爱既要给孩子提供良好的情感环境，又让孩子明确是非界限，坚守生活或学习规矩。

（2）爱与规矩是互相关联、密不可分的

爱与规矩是互相关联、密不可分的。真正的爱是有规矩的爱，真正的规矩是体现爱的规矩。但在生活中，很多父母往往是在爱的时候没了规矩，立规矩时没了爱。如何在给孩子立规矩时，把爱体现出来呢？这很简单，要帮助孩子，而不是威逼孩子守规矩，在孩子遇到困难时，父母要真诚帮助孩子渡过难关。

天下父母都十分爱自己的孩子，希望孩子有一个美好的将来，甚至希望孩子能成就非凡事业，有辉煌人生。而爱孩子，父母一定要理性，一定要梳理好规矩与爱的关系，在应该给孩子立规矩时，坚决地给孩子立规矩，这才是真正的爱孩子。否则，最后的结果只能是害了孩子，甚至毁了孩子的一生。

理性的爱，是成功立规矩的不二法门

相比妈妈对孩子宠爱有加，爸爸们则是管教多于宠爱。但有时爸爸的管教不怎么理性，一旦发现孩子有不良行为，非打即骂。这是不理性爱孩子的表现。

事实上，真正的爱孩子，是要理性地爱。这样，才有利于给孩子立规矩，从而培养出超级棒的孩子。

每到周末，王小刚就感觉特别累，因为壮壮简直就是一个淘气包：他妻子刚整理好床铺没几分钟，儿子壮壮就上了床，在床上又蹦又跳，把原本整洁的床弄得一片狼藉：被子东一条西一条摊开，床单是东起西伏；王小刚这边刚将他倒在地板上的水擦干净，他那边就很快把另一杯水泼到了电脑桌上，幸好笔记本电脑早已被转移到了安全的地方。

“你再捣乱，我就打你！”王小刚吓唬孩子！

“你敢打我，我就告诉奶奶，让她打你！”可壮壮一点儿也不怕王小刚的威胁。

过了一会儿，壮壮跑去厨房，他先是不停地玩自来水，后来又把王小刚妻子新买的桌布上的花一朵一朵地剪了下来，剪完了花他又很快跑出去胡闹了……

“气死我了，好好的桌布怎么变成这样了，准是壮壮弄的！你好好管管你儿子吧……我要知道他现在这样烦人，绝不会把他生下来的！”王小刚妻子经常向他诉苦、抱怨，这次又是如此。

每每妻子向自己抱怨时，王小刚就会吼几声儿子：“你怎么这样淘气？再这样，看我不打你！”

“不怕！”一听儿子如此说，王小刚立马给了儿子一巴掌，可能用力过猛，儿子的脸上立马有了指印。

一见儿子被打，妻子又心疼了，又指责王小刚下手太重。

王小刚真是无语了。

如果你有壮壮这样的儿子，相信你这个做爸爸的也会很生气很生气，甚至会失去理性，冲动之下打孩子。之所以会这样，是由于你生孩子之前，想象的是孩子能带给你多少快乐。

事实上，爸爸们应该明白，养育孩子不止为了享受孩子带给自己的快乐，更要勇于承担自己应该尽的责任。同时，也要知道，爱孩子要会爱，真正的爱是带有规矩的爱。所以，看到孩子有淘气行为时，与其生气，不如早点给孩子立规矩。

要想成功地给孩子立规矩，首先要走出以下这些养育孩子的误区：

（1）养儿是为防老

养儿防老是中国传统的生育理念与宗旨。如果还抱着这样的宗旨你就out了。如果你抱着这样的生育理念生下孩子，那么，在孩子成长的过程中，你会使用错误的教育方式。因为你已把孩子当作你的私有财产。

（2）享受孩子带来的快乐

有一些父母，他们之所以生孩子，养育孩子，就是为了享受孩子带给他们的快乐。当孩子小的时候，孩子听从他们时，他们就觉得孩子很好很好。

可以说，不管父母出于养儿防老的目的，还是出于享受孩子带给他们快乐的目的养育孩子，他们都有可能对孩子的爱缺少理性，因为他们不懂教育的神圣职责，他们不明白生育孩子的目的是承担责任，而不是享受。

当一个爸爸对孩子的爱缺少理性，会出现什么结果呢？

（1）教育孩子比较情绪化

在教育孩子时，是凭借自己的情绪行动，高兴时，孩子做错了，他们也视而不见；不高兴时，孩子做错了，就会对孩子大发其火，甚至打骂孩子。

（2）给孩子立规矩不能始终如一

如果一个爸爸给孩子立规矩时，不是很理性。当他高兴时，孩子破坏了规矩，他会放纵孩子，听之任之；反之，自己不高兴，孩子破坏了规矩，就会训斥孩子，甚至动手打骂孩子。结果，会让孩子感觉到无所适从。

可以说，如果你是孩子的爸爸，又对孩子的爱缺少理性，那么，你给孩子立规矩，也缺乏理性。如果做爸爸的让孩子事事都听自己的，让孩子事事顺从，那不是爱孩子，是想占有孩子。

而当孩子有独立的自我意识时，爸爸非但不能欣赏，反而会因为孩子不让自己独有而痛苦，甚至去打击、压抑孩子的自我意识。这不等于父母不爱孩子，只是这样的爱缺少理性而已。

事实上，不管是哪一个父母，如果不能理性地爱孩子，都会对孩子的成长造成负面影响。反之，只有爱与规矩相结合的教育方式，才能让孩子养成良好的行为。因而，身为父母，必须要将爱与规矩理性地结合在一起。

爱与规矩应该如何理性地结合呢?

（1）再爱孩子，也要给孩子立规矩

无论你觉得孩子有多么可爱，你多么爱他，你都要明白，每个孩子都有缺点，也有优点，要想改变孩子的缺点，就需要给孩子立规矩，需要严格地教育他，而不是简单享受孩子带给你的快乐。

（2）理性地对待犯错误的孩子

当孩子犯错误或破坏规矩时，你必须保持理性，即使想发脾气，也要控制住自己的情绪，多反思自己哪些方面做得不好，而不是一味地责骂或处罚孩子，要将爱与规矩理性地结合在一起，让它们如水相融。唯有爱和规矩的理性结合，才能培养出优秀的孩子。

（3）给孩子划清界限

爸爸们一定要明白，给孩子制定规则、规矩并不是为了限制孩子，也不是非要站在孩子的对立面去管理孩子，而是为了引导孩子建立良好的行为规范，学习人际互动以及保护自己和他人的安全。

如果想做一个称职的爸爸，给孩子立定规矩的前提就是要与孩子划清界限，分清哪些是孩子的责任，哪些是父母的责任，这样，就能将爱与规矩理性地结合。

总之，给孩子立规矩时，爸爸一定要将爱和规矩理性结合，高度地统一起来。这样的爱，才是真正的爱，伟大的爱。

尊重孩子，才能让孩子接纳你的规矩

·给孩子立规矩不是一朝一夕的事，这需要一个过程，需要一段时间。所以，在给孩子立规矩的过程中，父母不仅要有耐心，而且要学会尊重孩子。但在给孩子立规矩时，很多父母多采取简单粗暴的方式，甚至是打骂孩子。特别是当孩子破坏规矩时，斥骂、棍棒随之而下。结果，这反而让很多孩子产生了破罐子破摔的念头，或产生叛逆心理，凡事都与父母对着干。时间一长，不仅不利于给孩子立规矩，反而会影响亲子关系。

辉辉今年上幼儿园大班，从他3岁起，爸爸就给他报了绘画班，让他去学画画，还规定每天都必须画一小时的画。一开始辉辉很听爸爸的话，可是渐渐地，看着邻居的孩子每天回家后就去小区健身区玩，辉辉就羡慕起来了。

一天；放学后，辉辉爸没去学校接辉辉，辉辉就与邻居的孩子一起回来，回来后，他没画画，而是与邻居的孩子一起去小区健身区玩耍。

爸爸知道后，将辉辉狠狠骂了一通："你怎么这么没出息，就知道玩，一点上进心也没有，将来只有去扫大街了！"

"爸爸，我不喜欢画画，一点意思也没有。你们每天都逼着我画，其实我是为你们画的。"

"你……那你想做什么？！"

“我长大后想当一名威风凛凛的警察！”

孩子喜欢当警察，爸爸则让孩子学画画，并给孩子立下每天要画多长时间的规矩，如果孩子破坏规矩，爸爸就发脾气。其实，这是很多父母都会犯的通病，总以为孩子小，事事要听自己的，不管给孩子立的规矩是否合理，都要孩子遵守。

建议在立规矩前，爸爸们多考虑孩子的感受与想法，想想自己立的规矩是否能让孩子接受，是否有利于孩子的身心健康发展。

为什么要这样做呢？一般来说，孩子的自我意识是孩子社会适应性发展的基础，没有良好的自我意识就没有良好的社会适应性。自我意识包括自我感觉、自我评价、自尊心、自信心、自制力、独立性等。在孩子成长的早期，要想孩子有良好的自我意识，父母就要尊重孩子。

可以说，孩子受人尊重的感觉，最初就是源于父母。之后，在日常生活中，慢慢地形成尊重别人的理念。

而给孩子立规矩时，只有尊重孩子，凡事多为孩子考虑，多站在孩子的角度去考虑问题，才能有助于成功地给孩子立规矩。

但在日常生活中，面对没规矩的孩子，或不守规矩的孩子，不少爸爸只是一味地批评、责骂孩子，从来不知要尊重孩子，不考虑孩子的感受与喜好。这样做的结果，只能压制孩子的自我激励能力、创造力和想象力的发展。

在给孩子立规矩时，你是尊重孩子还是指责或打骂孩子呢？如果总是指责或打骂孩子的话，那就要改变与孩子的相处方式了。

在给孩子立规矩时，爸爸应该怎样尊重孩子呢？建议父母们不妨这样做：

（1）接纳孩子的缺点，并给孩子立规矩

每个孩子都有自己的缺点，这并不奇怪。爸爸一定要正视与接纳孩子的缺点，然后给孩子立规矩，来帮孩子改正缺点。千万不能因为孩子有缺点，或一而再地破坏规矩，就不停地数落、讽刺、挖苦孩子，这样很容易使孩子消沉、迷惘。

（2）学会蹲下来和孩子说话

给孩子立规矩，父母要放下架子，把自己放在与孩子平等的位置上，蹲下来和孩子说话。这样，让孩子感觉他与爸爸是平等的，这就易于进行思想的沟通，从而有利于心理上的沟通与默契。而当爸爸进入孩子的内心世界，或孩子认可了爸爸，才会接纳爸爸制定的规矩。

而如果爸爸以老子自居，特别强势，希望孩子事事遵从自己的意见，随意给孩子立规矩，孩子要么会变得保守、胆小、被动和听话，要么会变得更为叛逆，从而更不守规矩。

（3）懂得尊重孩子的想法和选择

可以说，尊重孩子是给孩子成功立规矩的不二法门。父母要尊重孩子，就要懂得尊重孩子的想法和选择，在给孩子立规矩时，要具体给孩子立哪些规矩，要与孩子协商，或提前通知孩子。

给孩子立了规矩后，当孩子破坏规矩时，爸爸们要就事论事，少用批评或责怪的语言与口气，更不能给孩子贴负面标签。这样，给孩子立规矩，就能达到事半功倍的效果。

（4）给孩子立相应的规矩，也给孩子自由发展的空间

在给孩子立相应的规矩时，也给孩子相应的自由。比如，在家里，给孩子立物品归位规矩，既要让孩子知道各种用品、玩具都有固定的位置，使用后应物归原处，同时也要给孩子相应的自由，如只要孩子将玩具物归原处，就要允许孩子自由支配玩具，如将玩具借给其他孩子。

（5）不在人前教子，给孩子面子

孩子也有自尊心，父母给孩子立规矩时，一定要尊重孩子的自尊，保护孩子的“面子”。不要当着众人的面大声呵斥孩子，骂孩子“真没出息”、“真是笨蛋”、“不争气的东西”等，否则，总是给孩子贴不良标签，会让孩子失去守规矩的信心。

给孩子立规矩时，很多爸爸都很纠结，特别是当孩子破坏规矩、爸爸骂孩子时，很多爸爸在事后都很后悔，可又无其他方法。其实，打骂孩子不如静下心来与孩子多沟通，多了解孩子的想法。因为只有将规矩与自由相结合的教育才真正有利于孩子的身心健康。当然，也只有给孩子留出一定的自由发展空间，才更有利于给孩子成功地立规矩。

可以说，给孩子制定规矩，关键是要理解和尊重孩子的特点。爸爸要明白，由于孩子的理解能力、思维能力、执行能力都远远没有发展成熟，在给孩子立规矩时，一定要尊重孩子身心发展规律和个性特点。这样才能给孩子制定出爱的规矩。

向美国爸爸学立规矩

一提及美国，很多人都会想到那是一个自由的国度，生活在那个国家的孩子，也应该是很自由的。但事实并非如此。因为美国人，特别是做爸爸的很重视给孩子立规矩，就连总统贝拉克·奥巴马这样的忙爸爸，也在日理万机之余，给自己的女儿们立下了很多规矩。在美国的很多普通家庭，更是一向有不少“清规戒律”。

几年前的一个夏天，一个美国朋友的孩子想来中国旅行，正好我也要回国，于是，朋友就让他的孩子跟我同行，并委托我安排好孩子在中国的行程。当然，如果有时间陪一下孩子更好。

我答应了孩子的父母，并决定在安排好自己行程的同时，挤出时间陪孩子旅行。我陪孩子旅行的城市是北京。

孩子对中国的公交车很感兴趣，想尝试一下坐公交车游北京的乐趣。我呢，也喜欢乘公交车。所以，我们从一个旅游景点去另一个景点的时候都选择了乘坐公交车，而一路上，无论人多人少，即使最后返回住地时正赶上下班的高峰期，这位美国孩子也一直跟其他人一样，认真地排队候车，看到有人不排队，拼命往前挤，他还大声提醒大家要守秩序。

“请大家排好队！”15岁的约翰道。

这脱口而出的一句话，一句平凡得不能再平凡的话，在我心里却有如惊雷，因为这句普通的话，体现了一个孩子较强的规则意识，以及对于规矩坚守的态度。

一个孩子，却坚守着坐公交车时的排队规则，可见，“没有规矩，不成方圆”这句话虽然是出于我们老祖宗之口，但践行这个理念的，不仅有中国人，还有美国人。在美国，上至总统，下至普通老百姓都十分守规矩，甚至还十分重视孩子的规矩教育。

据说，经济学家茅于轼先生在美国做访问学者时，曾对美国邮局前的排队情形做过观察。经过观察，他发现，即使服务窗口不止一个，也并不是在每个窗口前面都排一个队，而是总共只排一个队，前面的人依序到空出来的窗口去办事，没有一个人会打破这种默许的规则。

我在美国生活了多年，经过长年观察，我发现，在美国，大多数人都在自觉地遵循规则，即便没有惩罚规则，也不会违背自己的行为准则。如无论是超市、银行，还是汽车旅馆，所有停车场最好的位置都是留给残疾人的，没有谁去占残疾人的停车位。

美国人为何这样守规矩？原因可能有很多，但最重要的原因，就是父母以身作则地守规矩，无形中给孩子树立了良好的模仿榜样。

当然，美国孩子的规则意识特别强，也与父母从小注重给孩子立规矩有关。美国总统贝拉克·奥巴马就是一个十分注重给孩子立规矩的人。

一次，在父亲节到来之际，美国哥伦比亚广播公司《晨间秀》的节目主持人哈里·史密斯约访了美国总统贝拉克·奥巴马。奥巴马欣然接受采访，并畅谈自己做“第一父亲”的体会与感悟。在谈及对女儿马莉娅和萨莎的教育时，他说，教育孩子一定要注重规则意识——给孩子立规矩，制定家规。

规矩就是规则，在孩子小时候，父母一定要为女儿们定下家规。“有了规矩，孩子才长得好。”反之，不给孩子定规矩、制定家规，受害的不仅是父母，更会害了孩子。

奥巴马给马莉娅和萨莎制定了“九条家规”，除了让马莉娅和萨莎每天自己铺床外，奥巴马还规定她们要自己的事情自己做，分担家务，如遛狗、喂狗；要按时完成作业；在上学的日子不能看电视；每晚8点30分准时熄灯，安排充实的课余生活，不准追星等诸多“限制”。

不止美国总统注重给孩子立规矩，美国普通家庭的爸爸也十分注重给孩子立规矩。

就拿吃饭来说，面对不好好吃饭的孩子，中国妈妈总是挖空心思地设法让孩子多吃点儿，如换着花样给孩子做饭做菜，若孩子好好吃饭就有奖励。但美国人则认为孩子吃多少应该由他自己决定，不过他们会关注孩子在餐桌上是否守规矩，比如，吃饭时必须坐在餐桌前，保持安静，不能端着碗到处乱跑；喝汤的时候不能发出声音，即便不小心打了个嗝儿，也要赶紧向他人表达歉意。

那么，美国爸爸通常会给孩子立哪些规矩呢？

（1）做事要先请示

美国爸爸规定，不论孩子想做什么事，之前都要先向自己，或是向妈妈请示。因为在孩子的早期教育中，妈妈多扮演着重要的角色，当妈妈允许了后，孩子才可以去做。妈妈规定不能做的事情，孩子坚决不能做。因而，在美国，孩子想吃糖果，想与小朋友玩，都要先请示妈妈。

（2）做错事要受罚

如果孩子犯错了，就要受到处罚。这是美国的爸爸从小就给孩子立下的规矩，并且爸爸们说到做到，如果孩子犯了错，就坚持对犯错的孩子进行处罚。

美国爸爸对孩子最常用惩罚的方式，就是关禁闭。目的是让小孩子从小知道，什么是对、什么是错，做错事一定要受罚。

但这种规矩对小孩子来说，是非常严厉的一种处罚。因为在禁闭期间，孩子既不能看电视、打游戏，也不能出去玩，除了吃饭外，必须要待在自己房里。

至于孩子被关多长时间，则视孩子的年龄而定，犯错的孩子年龄越大，被关禁闭的时间就越长。通常，2岁的孩子关禁闭时间为10分钟，而5岁的孩子时间要长些。

（3）要对自己的行为负责

在美国，孩子通常都要接受这样的规矩：从小就要对自己的行为负责。如不小心把同伴的玩具弄坏了，爸爸就会让他赔人家孩子的玩具，让他对自己的过失负责。如果孩子没钱赔，爸爸会先借钱给他，再规定在多长时间内必须归还。如果孩子没其他能力赚钱，那么，父母就让孩子做做家务，每做一项家务给孩子多少钱，孩子赚足了钱就会还给爸爸。这样的规矩，有利于培养孩子的责任心。

（4）立下了规矩，就不能打破

遇到孩子撒泼、哭闹时，美国爸爸会先哄孩子，如果孩子还是不听话，爸爸们的态度就会一下子变得很严厉："看着我的眼睛，说不可以。"此刻，孩子一般都会读懂爸爸的眼色，乖乖地听话，不再任性胡闹了。

以上是美国父母给孩子制定家规后的应对措施。不过，大多数美国父母在给孩子立规矩时都很谨慎。

从表面上看，他们给孩子设定的规矩和行为限制相对少，孩子比较自由。如他们允许孩子犯小错误，让他尽可能地自己去发现。但如果他们决定给孩子立规矩，就会坚决执行。同时，他们会采取一些处罚的举措，以此表明违反规矩的后果，而且不管孩子如何哭闹或发脾气，他们都会让孩子守规矩。

（5）破坏规矩，要计时隔离

孩子哭闹或发脾气时，美国父母常用的小对策是“计时隔离”。

“计时隔离”是用来“惩罚”那些不守规矩的孩子。例如，当孩子在家不听父母或家人的话，或者和别的小朋友打架时，父母就会把他抱进他自己的卧室，让他独自待上3分钟。3分钟后，父母会准时把他抱出来，但要告诉他为什么“惩罚”他，他哪些地方做错了，需要如何改正。这种教育方法对孩子具有一定的威慑力，很有效。

事实上，这是一种冷处理的教育方法，美国父母为何用这种教育方法呢？

首先，这是因为美国法律规定，小孩必须随时有成人陪伴和保护，在这种环境下成长的孩子，很少有被冷落或孤立无援的感觉，而一旦被“冷落”，必然难以适应。

其次，孩子一般都具有较强的群体意识，把孩子从群体中隔离开来，就会使他们感到自己被区别对待了。这也让他们明白：淘气是不为大家所接受的。另外，让淘气的孩子暂时离开，可以缓解大人和孩子之间的紧张气氛，使孩子能够冷静地反思自己的行为……

记得有一次，我和一位朋友一家去西雅图，正好遇到堵车。平时高速公路上下班高峰期间虽然也会堵车，但很少碰到像那次那样堵得完全停下来走不了的情形。

当时，路上有4条车道，其中一条是紧急停车道，而排队等候的车道有3条，自始至终没有一辆车驶上旁边的紧急停车道。

“这么多的车……一会儿通行了也要慢，要不，我们停在紧急停车道上去？！”我开玩笑道。

“不！不能那样做！”朋友的孩子答道。

“为什么？！”我故作惊讶地反问道。

“紧急停车道本来就是有紧急情况才能停的嘛，我们又没有什么急事，怎么能停在那儿呢？”朋友的孩子有些着急！

“呵呵，孩子，我开玩笑的！”

一听我是开玩笑的，孩子也轻松地笑了。不然，孩子肯定还会着急，因为规矩对于他，已像春天撒下的种子，早已萌芽，并茁壮成长。

你想给孩子立规矩吗？如果你想给孩子制定规矩，又不知从哪里入手、如何入手的话，不妨跟美国的父母学习一下。相信学习了他们给孩子制定家规的态度与方法后，你将会受益匪浅！但爸爸们需要注意的是，对于美国父母给孩子制定的规矩，以及立规矩的方法，绝不能生搬硬套，要适当地借鉴参考，并灵活运用。

德国爸爸这样给孩子立规矩

一提德国人，很多人都会想到呆板这个词。事实上，德国是一个特别遵守法律和纪律，做事特别认真的国度。

一位留学德国、工作多年的朋友说，他在德国待了十多年，从未看到过一辆闯红灯的车，即使在深更半夜、空寂无声的街上，德国人依旧沿着横行线，看着红绿灯过马路。事实上，德国人是聪明的，正因为他们守规矩，不犯法，他们才能有幸福的生活。

德国人讲究秩序、做事情有板有眼，绝对不是性格使然，而是教育的结果。或者说，德国人之所以守规矩，与父母的教育有关。德国的父母，特别是爸爸非常重视给孩子立规矩。

德国爸爸爱给孩子立哪些规矩呢？

（1）早睡早起的作息规矩

在德国爸爸的心目中，健康不能仅仅靠提供优质的饮食来保障，同样还得靠一些规则来进行。为了保证孩子有足够的休息时间，德国爸爸规定孩子必须在8点30分之前睡觉，同时，早晨要早早起床。

在德国，除非哪一个孩子身体不适，不然，你基本上看不到14岁以下孩子会睡懒觉。当然，也看不到这些孩子大半夜还在玩游戏或者看电视。

（2）礼仪方面的规矩

德国人很注重礼仪，讲究礼仪。但德国人的重礼仪，不是与生俱来的，也是后天培养的。德国人培养孩子的礼仪，通常从生活中的小事开始设立规矩。比如，有的爸爸从“敲门”开始培养孩子的礼仪课。可见，培养孩子的礼仪，就要在生活中时时提醒孩子，让孩子从简单的小事开始就注意礼仪。

也许一开始的时候，你与孩子都不会习惯，但只要坚持下去，慢慢就会习惯。要注意的是，敲门时，不要下手太重，轻轻地敲就可以了。不管是爸爸还是孩子，只要听到有人敲门，一定要大声地呼应，请其进来。

敲门，敲门，让孩子的礼仪课从敲门开始吧！

德国爸爸非常重视给孩子立生活规矩，而且能在立规矩后，设法让孩子守规矩。

（1）事先提示法

有一个爸爸，给自己的女儿立了早睡的规矩，可女儿非常喜欢跳舞。孩子的妈妈就在网上为她淘了一张跳舞毯。收到毯子那天晚上，女儿就开始在毯子上跟着电脑中的音乐跳舞。

通常，在晚上7点30分的时候，她的爸爸就会提醒她准备洗漱了睡觉，而她也会按照爸爸的要求去做。但是那天，她却没有听爸爸的提醒，8点15分的时候还在玩。

见此，爸爸就对她说：“亲爱的，既然你这么喜欢这个游戏，那你可以再玩一会儿，不过8点30分一到，你就必须停止，好不好！”

（2）态度坚决地强行制止

虽然爸爸提醒她应该睡觉，可女儿还是在玩，还是没有要睡的意思，爸爸见状，放下手中的活，站到了她的面前，生气地对她说道："佛兰妮，现在是8点30分，我已经问过你一次了，你是怎么回答我的？后来我又跟你说了一次，你又是怎么回答我的？现在你必须马上停止游戏，准备睡觉，这是最后一次跟你说，否则你就要接受惩罚。"

"妈妈，我……"女儿还想再玩一会儿。

"不，马上停止游戏！"在爸爸的警告下，她不得不关掉电脑，准备洗漱睡觉。

（3）坚决进行处罚

女儿虽然关掉了电脑，准备睡觉。可爸爸发现，后来她又偷偷从房间里溜了出来，开始玩这个游戏。爸爸二话没说，就直接从她的手中拿走了"舞蹈毯子"，并且告诉她："因为你不遵守规则，所以这个毯子我没收了，期限是一个月，这算是对你的惩罚。"

给孩子立了睡眠规矩，她就必须按时睡觉，并养成习惯。不然，就难以给孩子成功立规矩。

你给孩子立作息与礼仪规矩了吗？如果你给孩子立了规矩，可孩子总是不守规矩，那么，不妨学习一下德国爸爸，既要做一个聪明的爸爸，又要做一个狠心的爸爸，这样，离给孩子成功立规矩的那一天就不远了。

第七章　给孩子立规矩，必须要注意这些事宜

很多父母认为给小孩子立规矩，是一件很简单的事。因为给孩子立规矩，不过是简单要求不做什么，应该做什么。其实不然。由于孩子还小，记忆力、自我控制能力等都有限，也许你前脚给孩子立规矩，后脚他就忘记了。即使他没忘记要守的规矩，可能会由于自我控制能力较差，经不起诱惑等原因，会破坏规矩。所以，给孩子立规矩，父母们应该要讲究一些技巧，既要设法让孩子懂规矩，明确告诉他具体的行为标准是什么；又要用一些小妙方，让孩子守规矩。

如你让孩子好好吃饭，他偏不好好吃。此时，你要怎么办？应该怎样解决？

从孩子出生时，就应该给孩子立规矩（1）

时下，很多父母都会认为孩子还小，要等到孩子长大懂事之后，再给孩子立规矩也不晚。其实，从孩子出生时，爸爸就应该开始给孩子立规矩。因为规矩立得越早越好，而如果立得晚，对于孩子与父母来说，规矩不再是教育，而是父母与孩子之间的一场战争。

可以说，无论自家的孩子是什么样的，当爸爸的都要重视其早期教育，特别是给孩子立规矩，越早开始越好。因为立规矩不是简单要求孩子不做什么，应该做什么，而是设法让孩子养成良好的生活习惯，与人交际的习惯，学习习惯。所以，爸爸们需要学习如何给孩子及早立规矩。否则，你就会后悔不已。

红红现在8岁了，每当看着不懂事的红红时，红红爸爸就特别后悔："怎么没有给她早点立规矩呢？"

像所有独生子女家庭一样，因为家里就这么一个孩子，又是女孩子，红红父母就一直没怎么管她，凡事依着红红的性子来。如果红红说，今天不想去幼儿园，红红妈妈与爸爸绝对不会强迫她去。因为在红红爸爸眼里，这么小的孩子，没必要立规矩，否则，孩子约束太多，没有自由，不利于其个性发展。

红红爱睡懒觉，早晨总爱赖床不起。于是，爸爸就给红红老师打电话要晚到一会儿，理由不是自己不舒服，就是红红身体出了点问题。就这样，红红可以放心地睡懒觉了。

后来，红红上小学了，学校纪律比较严格，要求必须在早晨7点半到校，此时，红红爸爸才发现，红红已养成了睡懒觉的习惯，成了起床特困户。

为了纠正红红的这一坏习惯，红红爸爸与妈妈想了很多办法，如给红红床头摆了一个十分漂亮可爱的小闹钟，并规定：不早起床，不让她看动画片，不带她去公园……

可让红红爸爸妈妈头疼的是，不论用哪种方法，都没有太好的效果。无奈之下，红红爸爸就只好将红红从床上拽起来，孩子呢，就会因此大喊大叫，表达她的不满。而红红爸爸见孩子总这样冲自己喊叫，有时候真恨不能挥手给她一巴掌……可又舍不得。

毫不夸张地说，每天叫红红起床，已成了红红家的一场战争与博弈。爸爸妈妈每次叫红红起床，都要叫上很多遍，费尽口舌。

"怎么改正孩子的坏习惯呢？照这样下去，自己早晚有一天会崩溃的！"红红爸爸向我请教道。

家里有一个不能按时起床的超级懒宝宝，每一个爸爸都会与妈妈一样着急。但在着急的同时，爸爸反省过吗：这一切是谁造成的，又是怎样造成的？

事实上，不止睡懒觉，孩子身上所有的坏毛病，都是因为父母们没给孩子早立规矩而造成的。

大多数父母在孩子0～2岁时只是去享受爱孩子的感觉，与孩子嬉戏、玩耍，不愿立规矩，等到2岁以后，父母觉得孩子突然变得不好玩了，不听话了，甚至开始与自己对抗了。

当这些父母感觉孩子太过分了，超越了所有的界限时，才想给孩子划定界限，立规矩。但由于在此之前，父母给孩子太多的自由，此时，给孩子立规矩，孩子要么习惯了随心所欲，不受规矩约束，总是我行我素；要么以哭闹反抗，父母说什么都不听，说什么都会对着干。由此可见，发现孩子有行为问题时，再给孩子立规矩，就已经晚了。

当然，晚立规矩，还会导致一种后果：父母因为孩子的对抗，而处罚孩子，有些孩子并没有因为受到处罚而改变不良行为，而是依然你说你的，我做我的，我行我素，于是，一些父母，特别是爸爸们，情急之下不禁对孩子动粗，但却因此导致孩子更加叛逆。

从孩子出生时，就应该给孩子立规矩（2）

给孩子立规矩，最好是从孩子出生时就开始。对此，相信很多父母持相反的意见。因为在他们看来，新生儿除了吃和睡，没其他能力，而且还什么都不懂，这么小的孩子需要给他立什么规矩啊?

如果你也抱有这样的想法，那你就out了。因为新生儿虽小，却同样需要为他立很多规矩。

（1）早立规矩，让孩子形成有规律的生活，有利于他的智力发展

通常，那些智商高的孩子在小时候，都睡得好，不仅睡眠有规律，而且睡眠质量也比较好，而睡眠好有利于神经系统的发育。

相反，长大后有多动症的孩子，在婴儿期多有不规律的睡眠习惯。因而，有心理学家认为：多动症不是行为问题，是神经问题。

多动症为何跟睡眠不好有关联呢？通常，孩子在出生8周后，每天晚上就能睡8小时。此时，爸爸应该给孩子建立按时睡眠或独立睡眠的规矩。要知道，孩子没有良好的睡眠规矩，到三四岁的时候，就可能引发多动症。而有多动症的孩子，大多不能集中精力做事情，不能集中精力听老师讲课、学习。

由此可见，能否成功地为婴儿的饮食、睡眠设定界限、建立规矩，不仅会关系到他的身体健康，而且也会影响到他智力和行为习惯的发展。

（2）早立规矩，有利于孩子人际关系的发展

从孩子的成长规律和心理特性来看，也是越早给孩子立规矩越好。

心理学家认为，3～6岁幼儿阶段是孩子显意识形成的启蒙阶段，在这个关键时期，父母如果能够帮助孩子建立“心理边界”，孩子日后就能更好地适应社会规则和人际规则，从而有利于孩子人际能力的发展。

（3）早给孩子立规矩，有利于增强爸爸成功立规矩的信心

当然，越早立规矩，不仅对孩子有好处，对父母也有好处。一般来说，早早给孩子立好规矩，也会让父母，特别是爸爸增加给孩子立规矩的自信。晚一点立规矩的孩子，坏习惯已经养成了，纠正的难度更大。这会让父母失去自信，从而容易放弃给孩子立规矩。

那么，爸爸们何时给孩子立规矩好呢?

（1）给孩子立规矩，最好是从出生时开始

孩子越小越需要立规矩，但是随着孩子长大，父母就要学会放手，学会信任孩子。违规要惩罚，但孩子越大，规矩要越少。所以，在孩子没出生时，父母就要思考规矩如何建立，给孩子建立哪些规矩。

孩子出生的第一年，爸爸就要为宝宝制定饮食的规矩、睡眠的规矩等。如饮食的规矩，并不是孩子一哭闹，就喂奶给孩子吃，将喂养孩子当作安抚孩子的工具。

（2）为孩子立规矩，最晚要从孩子2岁时开始

通常，2岁以前，是培养孩子安全感的时期，这一阶段，孩子需要父母全身心的爱，无条件地接受他、爱护他。2岁以后，孩子进入自主探索期，他开

始发展自己独立自主的能力，也初步具备了行为判断能力，这就为孩子接受规矩提供了基础。

另一方面，孩子开始有了自我意识，他开始发现“什么是我要做的”、“什么是妈妈要我做的”，此时，他行为的自主意识更强烈。因此，规矩最晚要从孩子2岁开始建立。再晚，就加大成功立规矩的难度了。

你给孩子立规矩了吗？如果没有给孩子立规矩的话，就马上开始给孩子制定一些早期规矩，如吃喝睡的规矩吧！

让孩子懂规矩，才会守规矩

可以说，爸爸的职责不仅仅是养家糊口，他最重要的工作与职责，就是从孩子小时候起，就要清楚地向孩子讲明一些规矩，让孩子多了解规矩，要清楚地告诉孩子，哪些是对的，哪些是错的；哪些事情是该做的，哪些事情是不该做；让他从小就懂得规矩。

而刘国强的孩子就是因为从小刘国强就告诉他哪些应该做，哪些不应该做，该如何做，而很有规矩。

刘国强是我的一个朋友，他的儿子小军6岁了，是个非常懂事的孩子。每天国强下班回家，先陪小军玩半小时的游戏。

之后，国强去打开电脑，看股市信息，此时呢，孩子就会去写作业，或者自己玩。如果国强不叫小军，小军绝不会去打扰爸爸。

小军为何会这样有规矩呢？这当然是得利于朋友从小就让孩子明白：在家中应该守哪些规矩，出去做客或者家里来客人时要守哪些规矩。

国强从小就给孩子立下这样的规矩：父母做事时不能打扰。所以，小军小时候，经常是爸爸在沙发上看书，妈妈在做家务，而小军则自己玩玩具。

如果家里来客人，朋友国强就会对小军说："爸爸要与叔叔聊天，你到卧室中玩一会儿。"而孩子呢，很听话地去卧室待着，一点也不哭不闹。

如果在看电视时，有人打电话过来，小军听到电话机铃声，肯定会把电视声音调小一些，等国强接完电话他再调大一些。因此小军学会了自主，又懂得尊重别人，同时也赢得了自己的自由空间。

看到小军这样守规矩，很多父母，特别是爸爸肯定会唏嘘不已：人家的孩子为何如此守规矩呢？为什么我给孩子立了很多规矩，孩子总是视规矩为空气呢？

在我们身边，很多爸爸看到自己的孩子被家人溺爱得没规矩，总是爱耍赖、不听话，就开始给孩子立规矩。但尽管他一再告诉孩子要守规矩，同样的规矩重申了好几次，甚至有时对孩子是软硬兼施，可最后还是会因孩子的哭闹，而纵容他，甚至放弃了为孩子立规矩。父母这样做只能使孩子变得娇纵、自私、暴躁，更没什么规矩可言。

该如何在给孩子立了规矩后，让孩子守规矩呢？应该如何解决孩子爱耍赖、不听话的问题，让孩子健康成长呢？

爸爸最好是先弄清原因，再对症下药。通常，小孩子不守规矩，是因为他不懂规矩是什么，有哪些规矩应该遵守，破坏规矩有什么严重的后果。所以，最根本的解决方法是在为孩子立规矩时，要让孩子懂规矩。

孩子为何不懂规矩，没有规则意识呢？心理学家认为，孩子不懂规矩，没有规则意识，是由于自身有太多的局限性，现在让我们盘点一下这些局限性：

（1）孩子的理解能力和交流能力较差

1岁孩子对事物的理解能力较差，以这样的理解能力，孩子是无法领会一条条规矩(哪怕是非常简单明白的规矩)的。

同时，孩子语言表达能力差，比如，他不会说话，不会表达，只能听懂一些简单的对话，还不能与别人进行一些正常的交流。这些都是孩子了解规矩、懂规矩的障碍。

（2）孩子缺少时间感和空间感

由于小孩子缺少时间感与空间感，对父母所定的一些规矩，是不了解的，也是难以理解的。如你告诉他“停下来”，他可能听懂。但是如果你对他说“等一会儿再给你拿玩具”，他就有些不知所以然了。你必须先要让他知道这个“一会儿”究竟有多长。

或许，在孩子眼中的一会儿就是：你没有马上给他玩具，没有及时满足他的愿望。所以，他就会吵闹，进而破坏你“有话好好说，不许哭闹”的规矩。

如何让孩子懂规矩呢？这需要爸爸们从以下几方面入手：

（1）给孩子制定的规矩要简单易懂

小孩子，特别是1岁左右的孩子，其理解能力非常差，自我控制能力也不强。给孩子立规矩时，爸爸要先从简单易行的规矩为孩子立起。如可以在孩子吃饭时，为他立不掉饭粒的规矩，但不可以给孩子立一餐必须要吃多少饭的规矩。否则非但不能够让他遵守，反而使其对吃饭这件事产生对抗心理。

（2）用孩子愿意接受的方式说明规矩

好规矩胜于好爸爸，而爸爸要想让孩子有规矩、守规矩，就必须先设法让孩子懂得规矩，既要懂得规矩是什么，又要懂得规矩是必须遵守的。

爸爸们在给孩子制定家规时，最好用他愿意接受或能接受的形式进行沟通，与孩子沟通规矩时，要注意方式，如要孩子收拾房间，就直接说出，不要说没用，甚至会刺伤孩子的话。如不要说："你的房间乱得简直就是狗窝！"而是说："请你把玩具收拾好！"这样说，孩子就不会因不高兴而不配合父母立规矩了。

（3）给孩子交代规矩、表述规矩时，要信号明确

由于孩子的语言理解能力有限，他们只会听他们感兴趣的话，太繁琐、意思不明的指令，会让孩子不解。因此，爸爸们在告诉孩子一些规矩时，一定要表达清楚，要用孩子能听懂的话，明确告诉他们什么行，什么不行。同时，在表达规矩时，要直接，如孩子应该睡觉了，他却还在看电视，你不能对孩子说："你要是再看电视，就别睡觉了！"而是应该说："睡觉的时间到了！再看电视，就不是好孩子了！"

再比如，让孩子守交通规矩，可以告诉孩子："街上的红灯亮了，那意味着你要站住，绿灯亮了，就可以向前走了。"

通常，父母给孩子说明规矩时，表达到位，孩子就易理解与接受，而含糊不清的表述，只能使孩子经常找借口与父母讨价还价，甚至力图不按规矩办事。

（4）当孩子不能理解规矩是什么时，要演示给他看

孩子2岁半后，才有较好的语言交流能力。之前，即使是简单的一句话，孩子也常常很难理解其中的含义，因而，教孩子懂规矩时，一定要多用肢体语言。如告诉孩子不要动电饭锅时，父母可以先用手摸下电饭锅，并做出很痛的表情，这样，孩子就会明白动电饭锅的严重后果，从而守规矩。

（5）给孩子立规矩，要站在孩子的角度考虑问题

如果给孩子立规矩，爸爸是为了自己的方便和感受，想起一出是一出，比如，同样一件事只有当自己不能容忍时才想起，那么，就可能造成随时有“新规矩”。如此制定的规矩没有尊重孩子的发展规律和特点，孩子自然也无法接受。

比如，我们说不可以打人，但现实生活中，很多爸爸会与孩子小打小闹，孩子们之间也是如此。不过，将别人打哭、打得很疼就不可以。关键是爸爸这样去和孩子解释，孩子很难理解与判断。所以在制定规则时，爸爸要注意需要根据事情的性质来决定，而不是由事情的严重程度来决定。

可以说，给孩子立规矩不是一件简单的事情，而是一门技术活，爸爸在给孩子立规矩时，一定要使用正确的方式，甚至要巧妙地给孩子立规矩。

为孩子立规矩，是一门技术活

小强是一个长得非常讨人喜欢的孩子，小时候，亲戚们都十分喜欢抱他玩。父母与家人对小强更是疼爱有加。在家人与朋友的宠爱、疼爱之下，小强快乐而幸福地成长着。很快地，小强就到了快上幼儿园的年龄，此时，小强身上的一些问题也就显露出来了。

小强上幼儿园不到一个月，父母就经常接到老师打来的电话。昨天，老师又给小强爸打来电话："你家小强又为争一个布娃娃，把张小玲打了。张小玲的父母来了，你也来幼儿园吧！"

小强爸不得不请假去幼儿园，一到幼儿园，就向人家道歉："对不起，怪我没教育好小强，把小玲打了……孩子不要紧吧！"

"小玲倒没大事，小孩子之间打架也没什么，不过，我建议你好好管教一下小强！给孩子立规矩！"

"嗯！"

小强爸表面上答应，但过后想"树大自然直"，孩子还小，人又机灵，大起来总会懂事的，至于立规矩的事，以后再说吧！

时间就这样一天天过去，小强从幼儿园升到了一年级。上小学后的小强，虽然与同学打架的事少了，可让小强父母与老师大伤脑筋的是，这孩子经常不是忘了带作业本，就是上课了才想起要上厕所，要不就没过多久又把同学的铅笔盒弄坏了。

此时，小强爸才想起给小强立规矩的事。可如何立规矩呢？小强爸无所适从，不知从何入手，又不知要注意什么事宜。

规矩有利于孩子的健康成长，可父母如果想通过给孩子立规矩，来纠正孩子的不良行为，却不是那么简单的事，而是需要掌握一些要领，注意一些事宜。

一般来说，父母要想成功地给孩子立规矩，需注意以下几个方面：

（1）给孩子制定的规矩要明确、具体

给孩子立规矩时，要明确告诉他具体的行为标准是什么。只是告诉孩子什么是不能做的是没有用的，还要解释清楚在什么样的情况下是允许做某件事情的。如龙龙家靠近马路，他又爱骑小自行车，爸爸担心自己不在家的时候，龙龙会骑到马路上，被来来往往的车撞到。于是，爸爸就在自己家的大门口画了一条线。告诉他，不能越过这条线。之后，龙龙一骑到画线的地方，就掉头向回骑。

（2）爸爸要明确孩子每一阶段的原则

在日常生活中，每一个人的行为准则都有三种界限，孩子也是如此：第一种是绝对禁止的“红灯行为”，如打人、破坏家中物品以及公物等。避免这些不良行为的最好方式，是父母从小给孩子立禁止出现这些行为的规矩。第二种是完全可以做并且鼓励孩子去做的行为，可称之为“绿灯行为”，如自己的事情自己做。还有一种界于两者之间，可根据具体情况和个人的价值判断灵活变动的，称之为“黄灯行为”。

由于孩子成长的每一个年龄段，“红灯”、“绿灯”、“黄灯”三种行为都有不同的内容和范围。所以，父母既要制定适合孩子能力和兴趣特点的规矩，并且坚持不懈地加以强化，又要避免孩子受过多的约束，这样，才能使孩子在规范的前提下获得充分自由的发展。

（3）给孩子立规矩，要因人因时而宜

父母在给孩子立规矩时，一定要量身打造，确切地说，是要根据孩子的年龄与个性特点，来给孩子立规矩，要有所侧重，切不可眉毛胡子一把抓。

比如，孩子出生后，要给孩子立吃喝玩的规矩，让孩子养成有规矩的作息习惯。而1岁多的孩子大多能走路和说话了，是培养孩子安全感的时期，同时，孩子分辨能力差，分不清哪些行为是安全的，哪些行为是危险的，所以，就需要父母给他确立一些行为举止方面的规矩，这样，就可避免他做出一些危险的动作。

同时，两三岁的孩子正处于对秩序最敏感的时期，父母要借机帮孩子立规矩，建立良好的生活秩序，让孩子明白无论做什么事，都要有先后顺序，如先洗手再吃东西，先刷牙再洗脸，这样，既能引导孩子养成良好的生活习惯，又能省却父母费时费力帮孩子做琐碎小事的麻烦。

（4）提示预警法

在生活中，很多孩子有一些不良习惯，如喜欢看电视或玩电脑，看起来玩起来没完没了。如果你的孩子也如此，你肯定会十分着急，因为这些不良行为都不利于孩子的成长。如果你着急，又因工作忙没太多时间管孩子，那么，就可给孩子立规矩，以此来限制孩子看电视或玩电脑的时间。

如规定3岁之前的孩子，每次看电视的时间不应超过15分钟，一天不应超

过1小时。3岁之后的孩子，每次看电视的时间不应超过半小时，一天不应超过2小时。同时，孩子在3岁之前严禁玩电脑游戏。孩子在3岁之后玩电脑游戏的时间一次不应超过半小时，一天不应超过1小时。

不管看电视还是玩电脑，在限定的时间到达前，爸爸要提前几分钟提醒孩子时间快到了。因为这样，孩子在心理上就会有一个缓冲期。到时间后，如果孩子还想玩，爸爸要果断地关电视或电脑，孩子一般不会有太大的过激反应。反之呢，如果没有这个缓冲期，很突然地让孩子终止做某事，孩子在心理上难以适应与接受，在行为上就会表现为对抗。

总之，在给孩子立规矩时，一定要注意方法与方式，特别是平时总是忙于工作，与孩子共处的时间少，或很少有时间教育孩子的爸爸们，在给孩子立规矩时，更要注重方式与方法，要因人因时而宜，采用灵活的方式给孩子立规矩。

给孩子说规矩，爸爸要如何说

爸爸给孩子说明规矩不仅需要有耐心，还要讲究一些技巧与方法。因为只有让孩子明白规矩的重要性，让孩子明白守什么规矩，如何守规矩，孩子才能更好地懂规矩、守规矩。

小燕的儿子龙龙22个月了，小燕决定给儿子立分床睡的规矩。于是，小燕每天睡觉前，就对儿子说："龙龙，这个是你的小床，边上的是爸爸妈妈的。现在龙龙长大了，长大了就要睡自己的床哦！"

前两天龙龙还不愿意上他自己的小床，可过了一个星期，他就愿意到自己的床上睡觉了，再后来，每到睡觉的时间，龙龙就会跑到自己的小床上去睡觉。

小燕成功地给儿子立了分床睡的规矩。接着她开始给孩子立每天只许吃一个棒棒糖的规矩。

这天，龙龙早晨一起床就要吃棒棒糖，小燕连忙对龙龙说："龙龙，以后我们每天只能吃一个棒棒糖！"

"不，不行！"

龙龙一听妈妈这样说，马上说不。见此，小燕考虑了一会儿，然后，慢慢地对龙龙说："龙龙，那我们今天吃一个棒棒糖，明天还吃一个，我们天天吃一个棒棒糖行吗？”

“好！”

小燕对儿子说，“以后我们每天只能吃一个棒棒糖！”结果，龙龙非常不乐意。小燕换了一种说法，“我们今天吃一个棒棒糖，明天还吃一个，我们天天吃一个棒棒糖”，就让儿子龙龙非常乐意地接受了。两种说法，不同的结果，可见，给孩子立规矩时，交流与沟通方式的重要性。这一点，爸爸一定要注意。

现在，由于年轻的爸爸多被繁忙的工作与琐事所累，所以在与孩子说话时，总是没有耐心，总是用命令或责骂的语气。特别是给孩子立了规矩，一旦孩子破坏规矩，一些爸爸总是懒得与孩子好好说、慢慢说，而总会冲孩子大吼大叫。

爸爸不知道的是，因为冲孩子大吼大叫或打骂，难以让孩子明白规矩，懂得规矩，反而是慢慢对孩子说，好好对孩子说明规矩，更有利于让孩子守规矩。

如果爸爸想轻松地给孩子立规矩，必须注意使用更好的方式与孩子沟通，千万不能硬来。

爸爸与孩子沟通规矩，什么样的方式比较好呢？如何说，能让孩子与父母在心灵上达成默契或产生共鸣呢？以下这些方式爸爸可以参考或借鉴。

（1）当最好的听众

在给孩子立规矩的过程中，父母要学会倾听，要做孩子最好的听众，不管孩子说什么，父母都要耐心听孩子讲完，哪怕孩子说不，也要让孩子说出理由。要知道，听孩子说完内心的感受，甚至听孩子发脾气，这是沟通的第一步。

听孩子说话时，最好是找一把椅子坐好，安静地等待孩子，安静地看着孩子，不去打断他的话，全神贯注地倾听。听孩子讲话时，表情一定要专注，最好凝视着孩子。这等于告诉孩子：我们在认真地听，在注意你所说的感觉或问题，而不是假装听着。

（2）选择恰当的谈话时机

与孩子讲规矩，也要选择好时机，如孩子高兴时，此时，易于与孩子沟通。此外，父母也可在与孩子一起郊游的时候聊一下规矩；也可以在餐桌上与孩子沟通，如吃完晚饭后，可以与孩子天马行空地聊天。如果孩子想告诉父母发生在学校里的一些事情或与同学朋友一起的好玩的事，一定要耐心倾听，父母也可乘机告诉孩子一些为人处世的原则与规矩。

（3）反话正说，给孩子积极的心理暗示

每个孩子都很重视父母对自己的评价，而鼓励和表扬总是最能打动和激励孩子，所以当爸爸发现孩子不守规矩时，与其大声呵斥，倒不如反过来说。如孩子在床上不想穿衣服，爸爸可以这样对孩子说："哇，你今天真的准备自己穿衣服吗？我太高兴了。"这样的表扬，往往会让孩子高兴地按你说的思路走下去，从而慢慢变得守规矩。

（4）拿孩子的优点与其他孩子比较

在生活中，很多爸爸总喜欢拿自己的孩子与其他孩子比较，在立规矩时也是如此。如有的父母给孩子立规矩：自己洗自己的衣服。当自己的孩子不洗衣服，父母通常会说："你看某某就自己洗衣服。"与其这样说，不如

说："你比某某学习好，洗衣服也肯定比他洗得好！"这样，就能激励孩子守规矩。

（5）睡前沟通很给力

如果你工作很忙，每天下班晚，或要加班，那可以在孩子入睡前，与孩子坐下来谈谈，与孩子讲他应该守哪些规矩，在哪方面做得比较好，哪方面需要努力。与孩子聊"规矩"时，一定要多鼓励孩子，鼓励他继续加油或努力。

（6）把孩子不遵守规矩的后果提前告诉他

俗话说："丑话说在前头！"给孩子立规矩时，一定要把"丑话说在前头"！如小小走路慢，爸爸在出门前就要告诉他：5分钟要走到公交车站，否则公交车就开走了。到公交车站之前，再提醒孩子一次，告诉他还要多长时间。当然，还可以添加一些额外的条件，比如，按时走到公交站，给点奖励，不按时就取消某个优惠。

（7）注意说话的语气

与孩子沟通时，最好是选择"和风细雨"式的说话方式，少用命令式的口气。如要用这样的语气，"如果你能那样做，我和妈妈将感到十分高兴"、"你能这样去做，我们感到非常的欣慰"！让孩子在父母指引的"大框架"下自由选择正确的方法或做法，这更利于给孩子立规矩。

给孩子立规矩，说难也难，说容易也容易，关键是爸爸要有耐心。即使孩子破坏规矩或不守规矩，爸爸也要和孩子好好说，而不是打骂，甚至侮辱孩子，更不能给孩子贴上不良的标签。否则，就会打击孩子的自信心。而孩子的自信心如果受到打击，就容易陷入迷茫，甚至会破罐子破摔，或对父母给他立规矩的事产生抵触心理，这样，反而不利于父母给孩子立规矩了。

及时奖罚+好建议=成功的规矩

在生活中，很多父母都为没有更多的时间与精力教育孩子而愁肠百结，那为什么不试一下给孩子立规矩呢?

一般来说，给孩子立规矩并不难，但要想成功地给孩子立规矩，却并非一件容易的事。可以说，给孩子立规矩有很多技巧，如果爸爸想成功地给孩子立规矩，最好是要学习并适当地运用一些技巧与方法。这样，就会取得事半功倍的效果。

这天早晨，张晓晓休息，一家人睡到8点多才起床。刚起床，对门邻居王国强就带女儿月月来找晓晓的儿子小刚来玩了。

“小刚，看，王叔叔带月月来咱家玩了，快给叔叔搬个椅子来！”

“嗯！”小刚一边答应着，一边去给王叔叔搬椅子去了。

“叔叔，请坐！”

王国强坐下来。不一会儿，小刚又去饮水机给叔叔端水了。

见小刚如此有礼貌，王叔叔可高兴了，一个劲地夸奖他：“小刚真懂礼貌，比月月强多了！”

“哪里哪里，是你过奖了！”

“呵呵，小张你就别谦虚了，你家小刚确实很懂礼貌，很有规矩，到我家玩时，从来不乱翻我家东西，而且只在客厅玩，月月让他进我们卧室玩，他都不去。为什么啊？”

“这可能与我们从小给他立下不许乱翻东西的规矩有关！”

“可我们也给孩子立规矩，而且立了很多规矩，孩子为什么依然有很多坏毛病呢？”

“也许立规矩的方法不对头，要知道，给孩子立规矩是要掌握一些要领的，比如，给孩子制定规矩时，一定要明确、具体，而且最好是一次给孩子立一个规矩，因为孩子接受能力有限，理解能力有限，一次给孩子立的规矩过多，孩子既难以理解，又难以接受，更别说再让孩子守规矩了。”

“哦，我家月月小时候，我是一次给她立了很多规矩！看来孩子是因为理解与接受能力差，而没能成功地给孩子立成规矩！”

“有这种可能！”

没有父母希望自己的孩子没规矩，没礼貌，人见人烦。也有很多父母在孩子小时候给孩子制定了一些规矩，如晚上9点睡、吃饭不能掉饭粒等。但父母给孩子制定了规矩后，一些孩子很守规矩，一些孩子却依然我行我素，根本不拿规矩当回事。之所以有这样的差别，也许是由于父母在给孩子立规矩时，使用的方法不当，或者说是使用的方法存在一些问题。

新新3岁了，新新爸认为她是大孩子了，最近给她制定了规矩：早晨起床，自己穿衣服。

第二天早晨，3岁的新新坐在床上穿裤子，穿得很慢，好不容易穿上了，爸爸却发现她穿反了。见此，急于上班的爸爸非常着急、生气：“穿个裤子也这么让人着急，你说你长大后能做点什么，笨死了。”

爸爸一边抱怨新新笨手笨脚的，一边动手帮新新穿裤子。此时，他早把给孩子制定的规矩忘得一干二净了。

如果你是新新的爸爸，也会像他那样自己破坏自己给孩子制定的规矩吗？相信你不会。

作为孩子的爸爸，你给孩子立的规矩，你自己都不守，这会让孩子认为爸爸立的规矩可有可无，可以守也可以不守。

而正确的做法应该是，新新爸爸要等新新自己重新穿裤子，不要怕孩子穿得慢，动作笨拙。如果感觉早晨时间不够用，可以提前起床一会儿，早点叫新新起来穿衣服。这些都是技巧与方法问题。

给孩子立规矩，父母们，特别是爸爸应该要讲究一些技巧，这样给孩子立规矩，既轻松，又给力。

在给孩子立规矩时，爸爸们如何奖惩孩子呢？以下的方法与技巧可供年轻的爸爸们参考。

（1）当孩子破坏规矩时，处罚要及时

给孩子立规矩后，可由其他家人对孩子进行监管，如果发现孩子一而再地不守规矩，就要对孩子进行适当的处罚。不过，在给孩子立规矩时，处罚一定要及时。否则，难以让规矩具有威慑力。

在给孩子立某一规矩时，一些爸爸也制定了一些奖罚制度。但在给孩子立规矩的过程中，这些奖罚制度却不给力。这是为什么呢？主要原因不是制度本身有问题，而是爸爸们奖罚不及时，即不是在应该奖罚孩子时，马上执行，而是一拖再拖；再就是在该处罚孩子时，父母总显得犹犹豫豫。事实上，小孩子的长期记忆比较差。如果处罚不及时，孩子很难感受到守规矩的

重要性。

所谓“赏不逾时，罚不迁列”，延迟的惩戒会因时过境迁而使孩子淡化自己的过错，甚至会误认为爸爸在放任自己的错误行为。再说了，在给孩子立规矩时，如果爸爸不及时奖罚孩子，也容易给孩子留下大人说话不算数的印象，孩子因而不相信爸爸，也会因此不怎么守规矩了。所以，在给孩子立规矩时，奖罚一定要及时，要在第一时间奖罚。

（2）奖罚措施要得当

给孩子立规矩后，爸爸不仅要根据孩子的表现，及时对孩子进行奖罚，而且要采用适当的方法。在处罚不守规矩的孩子时，要让孩子感觉到痛苦、不舒服，比如，有的孩子喜欢乱吐痰，你就要告诉他：“如果你再吐，就不让你玩最喜爱的玩具。”

孩子每次乱吐痰，都会得到相应的惩罚，这样，他每每乱吐痰时，想到的不是乱吐痰的乐趣，而是不让玩玩具的痛苦。

可以说，奖罚孩子的方法有很多，爸爸一定要有选择地使用。

如青青的爸爸王伟平，在给孩子立规矩时，所采用的奖罚方法比较给力。如规定孩子在大人接电话时不许讲话，如果守规矩呢，就给青青一枚可爱的小红花作为奖励，还把小红花贴在墙上，等墙上有了6枚小红花，就答应给她买一个好玩的玩具；反之，破坏一次规矩，要给一枚黄花，墙上有了6枚黄花，一周就不许她看自己喜欢的动画片。

（3）在奖罚的同时，要给孩子提供适当的帮助

给孩子立规矩时，爸爸要做孩子的参谋，多帮孩子，如多给孩子提好的建议。遇到困难时，帮孩子一起分析原因。

我的一位朋友，他的孩子有做事拖拉的毛病，于是，朋友就给孩子立了规矩。他的做法是，帮孩子把每天必做的事情列表。

此外，他还建议孩子每天一回家就开始做应该做的事情，如果在9点半之前做完该做的事情，就可以看会儿电视，或者跟爸爸玩一会儿游戏作为奖励。如果孩子做事拖拉，在该睡觉时还没完成，就不让他看电视、玩游戏。

同时，朋友帮助孩子总结拖拉的原因，原来是因为做事不专心，分析原因后，朋友建议孩子以后再做事情时，一定要专心做一件事。

在给孩子立规矩时，爸爸一定要注意方法要得当。特别对孩子进行奖罚时，只有所用的方式有效、给力，学会妙用一些技巧与方法来给孩子立规矩，才能让孩子及早养成守规矩的好习惯。

“统一战线”是成功给孩子立规矩的关键

爱与规矩需要高度地统一，但很多人在给孩子立规矩时，总是会遇到孩子爷爷奶奶或外公外婆的阻挠，他们甚至会跟自己唱反调。因而，爸爸给孩子立规矩，一定要设法取得家人的支持。否则，就很难成功地给孩子立规矩。

朋友的孩子小刚今年10岁了，每每看到儿子，朋友就气不打一处来。因为这孩子太没规矩了。他平时坐没坐相，站没站相，还经常会从椅子上摔下来。

前几天家里来了一个亲戚，按辈分，孩子应该叫那亲戚舅爷爷的。但让朋友感到非常不好意思的是，小刚竟然拍着亲戚的肩膀说：“嘿，哥们，你叫什么？你给我带什么好吃的来了？”

“小刚，好孩子，舅爷爷有急事，急着找你爸妈商量，来不及给你买好吃的，下次给你带好吃的好吗？”亲戚拍拍小刚的头，非常和气地说。

“小气！”

一见小刚这样，朋友感觉特不好意思，就对小刚叫道：“快叫舅爷爷，小刚，爸爸平时不是跟你说过，家里来客人时，要有礼貌吗？你怎么这么没礼貌呢？快叫！”

“不叫！”

“不叫，看我等会儿怎么收拾你？！”

“敢，你收拾我，我告诉爷爷去，看爷爷如何收拾你！”

看着儿子一副天不怕、地不怕的无赖相，朋友一下没辙了。因为他知道自己如果真的打儿子，孩子的爷爷奶奶肯定会出手相救，或者在孩子哭闹时又哄又劝。而自己想给孩子立的规矩呢，肯定是立不成。

由这个事例我们不难看出，朋友想给儿子立规矩，但由于孩子的爷爷奶奶没跟他站在同一个战线上，家人之间没有统一的意见与观点，结果没能给孩子立成规矩或者说给孩子立规矩失败了。

时下，有很多这样的家庭：爸爸想给孩子立规矩，但给孩子立了规矩后，爷爷奶奶却总是唱反调，如父母给孩子立按时起床的规矩，但爷爷奶奶却认为让孩子多睡一会儿没关系。显然，在对待立规矩这件事上，爸爸与爷爷奶奶之间没有形成统一的认识，一家人没有统一思想与观念。

为什么会如此呢?

通常，孩子的爷爷奶奶总是无原则、无限度地疼爱孙辈，总是溺爱孩子，因此他们会觉得给孩子立规矩，就会减少对孩子的疼爱，就是不爱孩子的体现。因而，他们对给孩子立规矩这件事，难以有积极的心态，不能保持理性，甚至持反对意见。

爸爸在给孩子立规矩时，就往往会出现两种情形：他们要么不同意给孩子立规矩，要么总是在父母给孩子立规矩时从中阻拦，跟孩子的父母唱反调。而这会让孩子感觉到家人的要求是不一样的，既让孩子对于规矩无所适从，也给孩子找到了破坏规矩的理由与胆量。

可以说，爸爸与其他家人之间意见与做法的不一致，也是立规矩难的一个重要原因。在家庭教育过程中，爸爸与妈妈在教育孩子的态度方法上，也会有很多不一致的地方，如严父慈母的管教方式。无论是严父慈母还是严母慈父，都不利于给孩子立规矩。

就拿严父慈母来说吧！如果爸爸过于严肃，过于严格地要求孩子守规矩，对于孩子来说，就只有规矩，没有爱；反之，如果妈妈过于溺爱孩子，对孩子来说，那就只有爱，没有规矩了。

在严父慈母或严母慈父的家庭中，很多爸爸与妈妈总是你唱红脸，我唱白脸，时间一长，这也会让孩子无法理解规矩，让孩子难以做到守规矩。

陆玉的儿子朋朋喜欢玩打火机，所以陆玉的老公李平曾经多次警告过朋朋不许玩打火机，因为那非常危险。这天，李平出去办事，他出门前再三叮咛陆玉不许儿子玩打火机。

见爸爸骑着电动车出门了，朋朋开始求妈妈："妈妈，让我玩一会儿打火机好吗？就一会儿！"

陆玉看到朋朋一副哀求的样子很可怜，再说有自己在家看着孩子，应该不会有什么危险，于是就答应了他，对他说："好吧。但是你只能玩一小会儿，要不然，你爸爸回来就麻烦了。"

见妈妈答应了，朋朋就拿了一个打火机打火玩。正玩得高兴时，李平回来了。因为他走到半路想起手机忘在家里没拿，只好返回来拿手机，没想到的是他却正好看到儿子在破坏他的规矩，而一看儿子破坏规矩，李平就着急了。

"我跟你说过多少次了，不让你玩打火机，你怎么不听话？去，上小房间待着去，好好给我反省一下自己的错误，还有，下午不许看动画片！要不然，我晚上回家就好好收拾你！"

见自己被爸爸抓到了，朋朋只好无奈地去小房间待着。

“这孩子，什么时候才能记住我说的话，什么时候才能听大人的话啊！”看着朋朋去了小房间，爸爸无奈地叹了一口气，然后推车走了。而他走了不久，看孩子很可怜的陆玉就将儿子从小房间放了出来，又给了儿子一个打火机玩。

就这样，虽然李平管得很严，但还是不时会看到孩子在玩打火机，他给孩子立的规矩呢，也就变成了一纸空文。

从这个案例中，我们可以看到，在给孩子立不许玩打火机的规矩时，朋朋的爸妈没有形成统一的看法，总是一个唱红脸，一个唱白脸。朋朋正好利用了爸爸、妈妈的“红白脸”教育方式，达到了玩打火机，甚至破坏规矩、不守规矩的目的。所以，在给孩子制定规矩后，家庭中的不同成员必须要坚守同一战线。

为了做到这一点，爸爸们可以这样做：

（1）给孩子立规矩前，要提前与家人沟通

在给孩子立规矩时，父母一定要坚守统一的原则，要提前将你的想法告诉爱人或家人，比如，给孩子立哪些规矩，采取什么方法。

最好是在立规矩前，先开个家庭会，提前沟通好如何做，赢得了家人的支持后，再立规矩不晚。

（2）在给孩子立规矩时，自己的做法要统一

爸爸们还要注意的是，无论给孩子立什么规矩，必须在不同时期内统一，不能今天说这个不可以，明天又说这个可以做。同时，前后的要求是统

一的。无论高兴与不高兴时，都要立规矩，千万不能高兴时不立规矩，一生气就立规矩。

（3）爸爸不能与家人当孩子面争吵

在立规矩的过程中，即使爸爸对家人的做法有意见，也不能当着孩子的面争吵。因为为规矩的事争吵，就会影响爸爸在孩子心中的权威感，从而影响在孩子面前做规矩的能力。

（4）注意特殊时期的规矩的统一

在特殊时期，如孩子生病前后，爸爸要注意规矩的统一。孩子在生病期间，可以给一些照顾。但孩子身体好了，一定要好好恢复规矩。

总之，爸爸给孩子立规矩，一定要取得家庭所有成员的支持配合，做什么规矩，何时给孩子立规矩，不仅夫妻要统一意见，而且还要与爷爷奶奶取得一致意见。这样，才能在给孩子立规矩、立什么规矩、如何立规矩这件事上，让家人保持一致，从而在立规矩的过程中，对孩子采取一致的态度和要求，做到爱与规矩高度统一起来。

不守规矩的孩子该打吗

说实话，处罚孩子并不好，不过，当正面说服难以奏效时，还是建议爸爸们勇敢地拿起惩戒这支利剑。可以说，给孩子定规矩，若孩子屡屡犯规，而且无视爸爸的劝说时，当爸爸的一定要对孩子进行处罚、惩戒。

但如何处罚犯规的孩子呢？在日常生活中，很多爸爸是孩子一淘气就打孩子，给孩子立规矩后，如果发现孩子犯规，爸爸们可以打孩子吗？

姜小强是我的同事，我一直以为他是很随和的一个人，可有一天我有事去他家，却改变了对他的看法，因为当时，他板着脸，正怒气冲冲地在打孩子。姜小强这是怎么了？

当时，姜小强的爱人、我的同事刘小妮也在家，她十分生气，又非常无奈地站在一边，见我来了，马上将我拉到一边，焦急地对我说："快劝下姜小强吧，我担心他会把孩子打坏了！"

"小妮，别着急，我劝姜小强！"我连忙安慰她。可让我没想到的是，我走到姜小强身边，还没开口，姜小强马上对我说："别劝我，我知道你是好心……我今天一定要好好处罚这孩子……看他还敢不敢破坏规矩！"

一听姜小强这样说，我无语了。还好，不一会儿，姜小强就让孩子进房间待着去了。趁这机会我与姜小强夫妻聊了起来。

“你们家虎子破坏什么规矩了？”

“我规定他每天放学回家后先写作业，然后才能看电视。这孩子前几天还守规矩，可这几天放学回家了，就总是看电视，结果，昨天作业又写到晚上十点，而且还老出错！这样子下去怎么能行呢？”

“孩子破规矩，就非要处罚他吗？”

“不处罚他，他怎么能吸取教训？怎么能让他长记性？我小时候可是老被父亲打的，我父亲经常说的一句话是‘棍棒底下出孝子’！”

“可这都什么年代了，我们可以用其他方式处罚孩子。”

“嗯，我也知道打孩子这种处罚方式落伍了，可一急就习惯打孩子！”

我们的老祖宗认为：棍棒底下出孝子，所以，在生活中，面对不听话的孩子，很多父母就会采取这样的处罚方式，以达到让孩子听话的目的。

事实上，给孩子立规矩时，不到万不得已，千万不可用这样的方式。

毕竟除打孩子外，处罚孩子的方式有很多。父母面对破坏规矩的孩子，还可用以下一些小对策来进行处罚。

（1）给孩子制定相关的处罚制度

为防止孩子犯规屡教不改，爸爸要制定相关处罚制度。通常，进行处罚的第一依据是主观过错行为，而判定该行为是否有过错，则需要依据清晰而合理的规则。所以，进行惩戒的前置条件是制定规则。

爸爸在为孩子制定处罚制度时，惩戒的方式内容、操作实施等方面要有明确的要求，订立“君子协议”，而后严格执行。

（2）后果体验法

一个人的成长往往不是源自“被告诉”，而是源自他的亲身体验和经历。比如，我们告诉孩子不要触摸刀子，可他总是按捺不住好奇之心，将手伸向它，自然被弄伤，相信他以后看到刀子，便会避而远之，这便是“后果体验法”的惩罚。

在痛苦体验中，孩子们可以“吃一堑，长一智”。惩戒的结果不再是人为给予的，而是让他自己承受过失行为带来的后果，由此而产生不愉快甚至痛苦的心理体验，会让他悔恨，让他能自觉纠正错误。

在给孩子立规矩时，爸爸不妨让孩子尝到破坏规矩的滋味。如规定孩子要爱惜玩具，可孩子总是故意毁坏玩具，并以此来要挟父母满足自己的无理要求，此时爸爸可以取消孩子玩玩具的资格，让他在某一时期内不能玩玩具。

再比如，孩子把手机玩具摔坏了，那么，在半年内不买新玩具给他，让他没玩具可玩。孩子尝到破坏的后果，就会留下深刻的印象，也就不敢再以破坏要挟父母了。

（3）冷处理

对于总是破坏规矩的孩子，一定要保持冷静，不能着急，同时，爸爸可以对破坏规矩的孩子采用冷处理法，特别是在公共场合，最好采取这种方法。比如，在一些特定的公共场合，像在电影院看电影、到商场购物要告诉孩子保持安静。如果孩子总是乱说乱动、大声喧哗。此时，可暂时不理他，对他不冷不热。但之后，父母一定要耐心而严肃地给他讲道理，让他明白，破坏规矩是不对的。

（4）巧用暗示效应

在心理学上，有一个术语叫“暗示效应”。所谓“暗示效应”，就是指用含蓄的、间接的方式对别人的心理和行为施加影响，从而使被暗示者不自觉地按照暗示者的意愿行动。

通常，孩子比成人更易接受“暗示效应”。因而，在面对破坏规矩的孩子时，爸爸们不妨运用“暗示效应”，即让孩子接受积极的心理暗示。比如，当孩子破坏吃饭规矩时，父母夸一下规规矩矩吃饭的孩子，或用讲故事的方法给孩子积极的心理暗示。

（5）惩戒务必就事论事

可以说，孩子最讨厌的就是“揭伤疤”、“算总账”，这容易让孩子在情绪上产生反感和对立，认为爸爸心胸狭窄斤斤计较，是在找碴整他。所以，爸爸如果发现孩子犯规，就应在第一时间予以相应的惩戒(当然“冷处理”方法除外)；如果当时的条件不允许立即做出反应，也应在事后还原情境，和孩子一起回顾和总结当时的言行，帮助其深刻认识自己的过错行为。

总之，孩子犯了错误，破坏了规矩或不守规矩，就要进行处罚。但处罚孩子时一定要注意分寸，要带着爱去处罚孩子，而不是带着情绪。在处罚孩子的同时，一定要和孩子交流，让他明白不是父母愿意处罚他，而是因为规矩不得不这么做，是为了爱和教育而处罚孩子。同时，对孩子的惩罚要切实可行。如孩子犯了错，不能对孩子说“不许你吃好吃的”，而是要具体一些，如“今晚你别吃肉”(假如孩子爱吃肉)。这样，才能真正地达到处罚孩子的目的，让孩子不再犯同样的错误，从而变得更守规矩。

在游戏中给孩子立规矩

巧巧的儿子叫童童，今年5岁了，是一个性格外向，爱唱歌的孩子，也是一个很听话，很守规矩的孩子。

这天是周六，巧巧与几个同事事先约好了，要去一家酒店聚餐。由于家中没人照顾童童，巧巧就带着童童去参加同事们的聚餐。

去酒店前，巧巧给儿子从头到脚换上了新装。

“妈妈，我的拖鞋也得换掉是吧？”

“是的，童童！我知道你很喜欢有卡通图案的拖鞋，但我们不是‘约法三章’，出门做客时，一定要穿正装，穿正装是对别人的尊重，尊重别人就是尊重自己，只有这样你才是个真正的小帅哥。你说是吗？”

“嗯，知道了妈妈，我现在就把拖鞋换成小皮鞋！妈妈，我穿那双黑色的小皮鞋可以吗？”

“可以的！”

穿好衣服，巧巧就带童童出门，去参加同事们的聚餐了。由于聚餐的酒店离家不远，母子俩20分钟后就到了酒店，找到预订的房间，已有几个同事在等待。当然，也有同事带孩子的。可与童童不同的是，这些孩子总是在酒店中跑来跑去，只有童童安静地坐在一边。每当有阿姨或叔叔给倒饮料喝时，他也会很客气地说声“谢谢”。

“巧巧，童童怎么这么懂事？平时你是怎么教育他的？听你说给孩子立了好多规矩，可我也给孩子立规矩，但为什么总是难以成功呢？如规定他每天都要洗澡，但让他洗澡时他总是又哭又闹，我打也打了，骂也骂了，可他还是不洗！”

“这是你的方法有问题吧！我给童童立洗澡规矩，一开始，他也不听，如每天喊他洗澡，他都不理我。刚开始我也大声喊叫，大发脾气，可过了一段时间，我意识到这样做什么用也没有，一点也不给力。于是，我就开始想办法。一天，我发现童童喜欢玩游戏，于是灵光一闪，何不用游戏的方式给孩子立规矩呢？”

“用游戏的方式？那你具体是怎么做的？”

“所谓做游戏，其实是角色扮演游戏。童童喜欢动画片《黑猫警长》，特别喜欢黑猫警长这个角色，因此我就模仿动画片《黑猫警长》里的小白鸽的口气：‘白鸽指示，布置任务，黑猫警长快来洗澡，快来洗澡！’童童一听就会马上跑来：‘白鸽报告，黑猫警长来洗澡了。’”

“那回去后，我也试着用游戏的方式给我儿子立规矩！”

小孩子天真活泼，而且都喜欢做游戏，而给孩子立规矩是讲究技巧与方式的，只有用孩子喜欢的方式给孩子立规矩，才能收到较好的效果。爸爸们在给孩子立规矩时，不妨尝试一下用游戏的方式来帮孩子立规矩，这样，就能收到事半功倍的效果。

以下几个小游戏十分给力，可以帮爸爸给孩子立规矩：

（1）角色游戏

在生活中，如果孩子不守规矩，或破坏规矩时，可以与孩子玩角色游戏，如果你规定孩子要在饭前洗手，孩子却不洗，你可以与孩子扮演医生与病人的角色，让孩子演医生，你扮病人。孩子问你怎么了？你说肚子痛。当孩子问为什么痛时，你说因为没洗手，手不干净，有细菌。这样，孩子就会明白不洗手的坏处，以后再让他洗手时，他肯定会配合你了。

（2）“冻果冻” 游戏

这个游戏不分角色，具体可这么做：父母与孩子可以先各做各的事情，如孩子可以玩玩具，看电视，当父母喊“果冻”时，不论做什么，都要保持不动的姿势，就像被冻住的果冻一样。

若你规定孩子不能乱动电脑，而他又想破坏这个规矩时，你可以跟他玩“冻果冻” 游戏。也许你喊破了嗓子“不要动”，他也毫不理会，但这个游戏，可以让你收到较好的效果。

同理，当你规定孩子不要动家中危险物品，他一而再地破坏规矩时，你也可以尝试一下这个小游戏。

一般情况下，当好奇心强的孩子手中拿起尖刀或剪子，父母站在一旁说“不”，只能激起他更大的“挑战”欲望，而这个游戏能够“速冻”孩子破坏规矩的行为，或一些危险行为，让你能有足够的时间去阻止孩子企图触碰危险物品。

在日常生活中，孩子很喜欢玩游戏，非常愿意玩游戏。特别是一些故事或动画片中的角色游戏，爸爸们在给孩子立规矩时，可以根据孩子喜欢玩游戏的特点，来玩动画片中的角色游戏或其他游戏，借此来规避孩子的不良行为，从而让孩子守规矩，而不是一而再再而三地破坏规矩。